LA BONNE AVENTURE

PAR

EUGÈNE SUE.

6

PARIS.
MICHEL LÉVY FRÈRES, LIBRAIRES-ÉDITEURS
RUE VIVIENNE, 2 bis.
—
1851

LA
BONNE AVENTURE.

Chez les mêmes Editeurs.

EN VENTE :

LE CHATEAU DES DÉSERTES,

PAR

GEORGE SAND.

2 volumes in-8°. — Prix : 12 francs.

LES GAITÉS CHAMPÊTRES,

PAR

JULES JANIN.

2 volumes in-8°. — Prix : 12 francs.

SOUS PRESSE :

LE PAYS LATIN,

PAR

HENRY MURGER.

1 volume grand in-18. — Prix : 3 francs.

SCÈNES ET PROVERBES,

PAR

OCTAVE FEUILLET.

1 volume grand in-18. — Prix : 3 francs.

LES EXCENTRIQUES,

PAR

CHAMPFLEURY.

1 volume grand in-18. — Prix : 3 francs.

Paris.—Typ. de Mme Ve Dondey-Dupré, rue Saint-Louis, 46, au Marais.

LA
BONNE AVENTURE

PAR

EUGÈNE SUE.

6

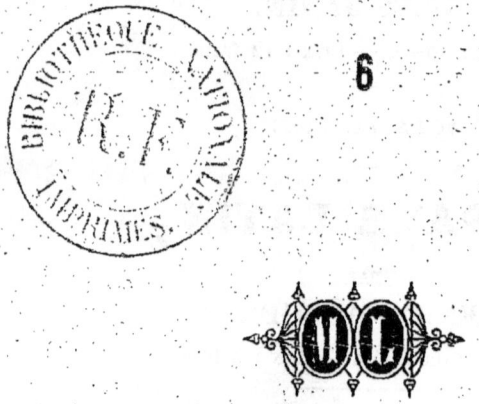

PARIS.
MICHEL LÉVY FRÈRES, LIBRAIRES-ÉDITEURS
RUE VIVIENNE, 2 bis.
—
1851

I

(Cette scène se passe dans le cachot des condamnés à mort, à la prison de la Roquette, à Paris. On voit au fond une porte avec un guichet; du côté opposé à la porte, une petite fenêtre garnie d'épais barreaux fortement maillés de fil de fer; à travers cette fenêtre, on aperçoit un ciel d'automne gris et pluvieux ; au fond, un lit de fer ; à gauche, une table et une chaise. Maria Fauveau, nu-tête et vêtue comme à l'audience, est assise sur son lit, le regard fixe, les mains jointes sur les genoux. Le greffier vient de sortir et de lui lire son arrêt de mort.)

MARIA, *seule*.

C'est fini! Allons, dans trois heures tout sera dit. Trois heures à attendre! c'est long, bien long! (Silence. Maria se lève et s'approche de la fenêtre.) Pourvu que cette pluie continue! il y aurait moins de monde LA-BAS; s'il y avait beaucoup de monde, cela m'ennuierait. Bah! c'est un moment à passer. J'en ai passé bien d'autres depuis quatre mois. (Allant à la table et mettant en ordre différents objets renfermés dans des enveloppes cachetées.) N'oublions rien : mon anneau de mariage pour ma petite fille, avec une boucle de mes cheveux et de ceux de mon pauvre Joseph. Il est heureux, lui : il est fou; il ne se souvient de rien. (Nouveau silence.) Ce fichu, pour Clémence Duval, ma sœur en douleur. Ce médaillon, le portrait de ma petite fille, pour madame Bonaquet. Elle a été autrefois si amicale pour moi! Et puis cette épingle, mon seul bijou, pour ce bon docteur, avec la lettre où je lui recommande ma petite fille. (Long silence.) Ah! s'il avait été ici M. Bonaquet, je n'en serais peut-être pas où j'en suis! Enfin, il n'y était pas. Cela devait arriver, comme tant d'autres choses sont arrivées, pour que la prédiction de la sorcière se réalise. Voyons, je n'oublie personne : (Comptant sur ses doigts) ma petite fille, Clémence Duval, M. Bonaquet. Non, c'est bien tout. Ceux-là seuls m'ont aimée; ils ne m'oublieront pas tout à fait, j'en suis sûre. (Elle rêve pendant quelques instants.) Mettons aussi ces vingt francs pour le geôlier, afin qu'il soit exact à faire mes commissions. (La porte s'ouvre, le geôlier entre.)

MARIA.

Ah! monsieur, vous venez à propos. (Lui donnant l'argent.) Voici pour vous. Je vous prie seulement de faire porter ce matin, dès que je serai partie, ces différentes enveloppes à leur adresse. Vous me le promettez, n'est-ce pas?

LE GEOLIER.

Oui, ma petite dame, je vous le promets; soyez tranquille.

MARIA.

Je vous remercie.

LE GEOLIER.

Je venais vous demander, ma chère dame, si vous ne vouliez pas prendre quelque chose ce matin.

MARIA, *surprise*.

Prendre quelque chose ?

LE GEOLIER.

Aujourd'hui, vous avez le droit de demander tout ce qui peut vous faire plaisir, vous ragoûter davantage. Nous avons d'abord d'excellentissime bouillon, ou vrai consommé ; ou bien une petite côtelette très tendre, ou bien du poulet, où bien encore du café à la crème et des œufs frais.

MARIA, *avec un rire triste et en elle-même.*

De la crème et des œufs frais, ça aurait été notre déjeûner, si nous nous étions retirés dans une jolie campagne avec ce pauvre Joseph et ma petite fille, comme nous en avions l'intention dans le temps. Ah! il y a loin d'ici à ce temps-là.

LE GEOLIER.

Je peux vous garantir les œufs pondus d'hier, ma petite dame.

MARIA, *souriant.*

Non, merci! vous concevez, dans trois

heures... vous savez?... Et naturellement ça vous coupe un peu l'appétit.

LE GEOLIER.

Je le sais bien ; mais le temps est pluvieux ce matin, et je vous assure, ma pauvre petite dame, qu'il est toujours bon de prendre *auparavant* quelque chose de chaud : ça soutient, ça réconforte. Allons, une bonne tasse de bouillon et deux doigts de mâcon, cachet vert ; car, aujourd'hui, vous avez le droit de demander même du cachet vert.

MARIA, *avec un sourire sinistre.*

Non, merci ! Vrai, je ne fais pas de façons.

LE GEOLIER.

Vous auriez tort, ma petite dame, vous auriez tort.

MARIA, *même sourire.*

Ce qui m'étonne, c'est que vous, si obligeant, vous ne me proposiez pas un parapluie pour aller *là-bas...* Dame ! il pleut, et je pourrais m'enrhumer, n'est-ce pas ?

LE GEOLIER, *embarrassé.*

Je ne sais pas s'il est permis de...

MARIA, *même sourire.*

Vous ne voyez pas que je plaisante ! Je suis très gaie... ce matin...

LE GEOLIER.

Ma foi ! ma petite dame, j'aime mieux vous voir ainsi qu'autrement, et je vous en fais mon compliment... Malgré cela, je voudrais que vous preniez quelque chose !... un peu de vin chaud ?... hein ! bien sucré ?

MARIA.

Non. Voyez-vous, si sucré que ce soit, j'ai l'idée que cela me semblerait très amer. Ah ! çà, vous n'oublierez pas mes commissions ?

LE GEOLIER.

Non, Madame, tout sera remis exactement... je vous le promets. (Tirant de sa poche un papier). Je voulais vous parler aussi de cette petite note de la blanchisseuse. C'est neuf francs soixante-quinze centimes...

MARIA.

C'est juste... et moi qui oubliais... (Tirant

une bourse de sa poche.) Je vais vous remettre votre argent.

LE GEOLIER.

Je vous parle de cette petite note, ma chère dame, parce que...

MARIA, *lui donnant l'argent.*

Certainement, vous ne pouvez plus me faire crédit. Voilà dix francs, c'est tout ce qui me reste. Je ne vous dois plus rien ?

LE GEOLIER.

Pas un centime, Madame. (Un gardien entre ; il va parler bas au geôlier.)

LE GEOLIER, *bas.*

Et ce monsieur, a-t-il un permis ?

LE GARDIEN, *bas.*

Très en règle. Il est chez M. le directeur, qui m'a envoyé vous dire de prévenir la condamnée, et de lui demander si elle veut recevoir cette visite.

LE GEOLIER, *à Maria.*

Madame, il y a une visite pour vous.

MARIA.

Une visite! c'est un peu tard.

LE GEOLIER.

Aussi, madame, M. le directeur désire savoir si vous voulez recevoir ce monsieur.

MARIA.

Quel monsieur?

LE GEOLIER.

M. le docteur Bonaquet.

MARIA, *tressaillant.*

Lui!... Oh! mon Dieu!

LE GEOLIER.

C'est le nom qu'on m'a dit.

MARIA.

Lui... de retour.

LE GEOLIER.

Ce monsieur est chez le directeur, et si vous le voulez, madame, il va venir.

MARIA, *vivement, après réflexion.*

Non... non... je ne veux pas le voir... je ne le veux pas !

LE GEOLIER, *sortant avec le gardien.*

Très bien, madame ; je vais prévenir M. le directeur que vous ne recevrez pas ce monsieur.

(Le geôlier sort ; à peine a-t-il fermé la porte, que Maria, qui a un instant caché sa figure dans ses deux mains, court et frappe au guichet, en s'écriant : — Monsieur ! monsieur le geôlier !)

LE GEOLIER, *ouvrant le guichet.*

Que voulez-vous, ma petite dame ?

MARIA.

Je veux voir M. le docteur Bonaquet.

LE GEOLIER.

Dans un instant il sera ici, madame. (Il referme et verrouille la porte.)

MARIA.

Ah! sans ma pauvre petite fille, que je veux recommander moi-même au bon docteur, je n'aurais pas le courage de m'exposer à le regarder en face... car, lui aussi, il va croire... (Se tordant les mains avec désespoir.) Ah! j'ai tort de le voir. J'avais pris mon parti, j'avais pris mon courage, je m'étais endurcie ; il va m'attendrir, me faire réfléchir ; je sentirai mon agonie. (S'jetant sur son lit en pleurant.) Ah! j'ai eu tort, j'ai eu tort! Depuis hier, apres le départ de ma petite fille, je n'avais pas eu envie de pleurer une seule fois, et voilà que déjà je fonds en larmes malgré moi.

LE GEOLIER, *ouvrant la porte au docteur Bonaquet.*

Monsieur, donnez-vous la peine d'entrer. (*Bas.*) Je dois vous avertir que c'est pour huit heures très précises ; la *toilette* est pour sept heures et quart, et *ces messieurs* n'attendent jamais. Vous n'avez donc qu'une demi-heure.

JÉROME BONAQUET.

C'est bien, monsieur.

(Le geôlier sort et referme la porte.)

Jérôme Bonaquet est d'une pâleur effrayante; il reste un moment immobile, les yeux fixés sur Maria. Celle-ci, assise au bord de son lit, cache son visage entre ses mains; soudain elle se relève, se jette dans les bras du docteur, et s'écrie en sanglottant, d'une voix déchirante, avec un irrésistible accent de sincérité :

— Ce n'est pas moi... Je ne l'ai pas empoisonnée !... Ce n'est pas moi !

JÉROME BONAQUET *sanglote et serre avec force Maria sur sa poitrine.*

— Je vous crois... oh ! maintenant je vous crois... malheureuse enfant !... (Levant les yeux au ciel.) Et une demi-heure, une demi-heure à peine pour la sauver; si l'on peut encore la sauver! Ma tête se perd! (Serrant encore contre lui Maria, qui continue de cacher sa figure dans le sein du docteur.) Chère... chère et pauvre Maria!... Voyons... du calme, du courage, de la présence d'esprit, car les minutes... les secondes nous sont comptées. (La soutenant et la reconduisant vers le lit, sur lequel Maria s'assied accablée.) Remettez-vous et répondez à mes questions avec le plus de précision possible.

MARIA.

Vous ici! Je ne vous attendais plus.

BONAQUET.

Je revenais à petites journées d'un voyage des Pyrénées, entrepris pour la santé de ma femme, et...

MARIA.

Mon Dieu!... elle est malade?

BONAQUET.

Elle va mieux; parlons de vous. A Bordeaux, le hasard a fait tomber entre mes mains les journaux qui rendaient compte de votre procès et de votre condamnation : j'ai tout appris à la fois... J'ai su ainsi que pendant mon absence vous aviez invoqué mon témoignage... Cet appel de vous... trop tardif, hélas! m'imposait un devoir sacré. J'ai laissé ma femme à Bordeaux : elle était encore trop faible pour voyager nuit et jour... J'ai pris la poste... arrivé ce matin, à cinq heures, j'ai couru chez le secrétaire-général du ministère de la justice, excellent homme

et mon ami. Mon premier mot a été votre
nom. — « Malgré les faits, malgré ses aveux
« mêmes, — lui ai-je dit, — Maria Fauveau
« n'est pas coupable. Je la connais, je la dé-
« clare aussi étrangère au crime que moi-
« même, je me fais fort de le prouver. Sus-
« pendez seulement l'arrêt. — Cela m'est
« impossible, mon ami, — m'a-t-il répondu;
« — la condamnée a refusé de se pourvoir
« en cassation, le jugement doit donc être
« exécuté. Tout ce que je puis faire, c'est
« de vous donner un permis pour la voir,
« et de charger un magistrat de vous ac-
« compagner. Interrogez-la, pressez-la de
« questions. Si elle fait des révélations pré-
« cises qui aient le cachet de la vérité, le
« magistrat que je délègue les recevra, les
« pèsera, et si, dans sa conscience, il les

« trouve capables de faire soupçonner la
« justice d'erreur, je l'autorise à suspendre
« l'exécution de l'arrêt ; sinon... cela est fa-
« tal... le jugement suivra son cours. » Voilà,
pauvre enfant, ce qu'il m'a dit. (Frémissant
et portant la main à son front.) Mon Dieu!
mon Dieu! et il est six heures et demie! (Po-
sant sa montre sur le lit où Maria est assise.)
Ne quittons pas cette aiguille des yeux, elle
est inexorable! (Prenant les deux mains de
Maria dans les siennes.) Maintenant ne me
cachez rien. Non, vous n'êtes pas coupable.
En me voyant, ç'a été votre premier cri! et,
j'en jure Dieu! tel a été l'accent de ce cri
que, même prévenu contre vous, vous m'auriez à l'instant convaincu de votre innocence.
Mais alors, le coupable, quel est-il ? Pourquoi ces réticences dans votre défense?

Pourquoi l'aveu de ces projets de vengeance contre la duchesse, si écrasants pour vous? Mon Dieu! quand je songe que la dernière fois que j'ai vu ce malheureux Joseph, c'était la veille de mon départ pour l'Auvergne, où une parente de ma femme était mourante. A mon retour de cette absence malheureusement prolongée, je cours à votre magasin : il était fermé. Je vais chez votre mère : on m'apprend que, morte depuis peu de jours, elle avait à peine survécu un mois à votre père. J'apprends encore que ce malheureux Joseph est devenu fou. Je demande dans quelle maison de santé on l'a transporté : on l'ignore. Je m'informe de vous : impossible de savoir où vous vous êtes retirée avec votre enfant. Quinze mois se passent, et c'est seulement il y a peu de jours que par hasard ce journal... Ah! c'est affreux! mais pourquoi, depuis la mort de vos parents, ne vous êtes-vous jamais adressée à moi? Pourquoi... Mais non, je suis fou, je vous parle du passé, je vous accable de questions sans suite, je jette encore le trouble dans votre esprit au lieu de le calmer, afin d'obtenir de vous des réponses claires, précises, qui puissent vous sauver. (Regardant la montre.) Et cet aiguille qui marche... marche toujours! Mon Dieu! ayez pitié de moi. (Il reste un moment anéanti.)

MARIA.

Pauvre monsieur Bonaquet, vous êtes toujours le meilleur des hommes! Ah! si je vous avais vu plus tôt! (Silence.) Et encore, à quoi bon? cela n'aurait servi à rien.

BONAQUET, *avec réflexion*.

Oui, c'est cela. Voici dans quel ordre je dois vous questionner pour épargner le temps. Vous n'êtes pas coupable; mais, savez-vous, qui a commis le crime?

MARIA.

Je ne sais pas.

BONAQUET.

Il ne s'agit pas ici de générosité insensée. Qui soupçonez-vous d'avoir commis le crime? Je vous en conjure, dites-le...

MARIA.

Monsieur Bonaquet, sur le salut de ma petite fille, je ne soupçonne personne.

BONAQUET, *accablé*.

Personne ! et ce poison trouvé chez vous, dans votre commode ?

MARIA.

Ce n'est pas moi qui l'y ai mis.

BONAQUET.

Mais qui peut l'y avoir mis, alors ?

MARIA.

Je n'en sais rien. Je ne soupçonne personne.

BONAQUET, *anéanti*.

Ainsi, pas de révélation ! Rien, pas un fait ! Elle proteste de son innocence, voilà tout.... Mais, malheureuse enfant, pourquoi du

moins n'en avez-vous pas protesté devant
vos juges, de votre innocence? protesté partout, toujours, avec ce cri, cet accent qui,
tout à l'heure, m'a remué jusqu'au fond des
entrailles? On vous aurait crue comme je
vous ai crue. Pourquoi cette sombre résignation à la mort? Pourquoi ces mots qui
semblaient échapper à une conscience cri-
minelle : « Je dois mourir sur l'échafaud :
c'est mon sort! » paroles insensées qui
m'ont un instant fait croire que le malheur
avait égaré votre raison.

MARIA.

La preuve que c'est bien mon sort de
monter à l'échfaud, c'est que, dans deux
heures, j'y vais monter. Que voulez-vous !
c'était ma destinée. On ne peut rien contre
sa destinée.

BONAQUET, *à part.*

Que dit-elle ? Est-ce que vraiment sa raison... (*Haut*). Maria ! Maria ! revenez à vous! Vous ne songez pas à ce que vous dites !

MARIA, *souriant tristement.*

Monsieur Bonaquet, vous souvenez-vous, il y a dix-huit mois environ, chez vous, lors de ce dîner où votre dame a été si bonne, si amicale pour moi... (S'interrompant et allant chercher sur la table un paquet cacheté.) Tenez, vous verrez que je n'avais pas oublié votre dame, ni vous non plus. Je vous recommandais à tous deux ma pauvre petite fille, dont la pension est heureusement encore payée pour quatre ans. Il y a dans cette enveloppe son portrait, que je prie madame

Bonaquet de garder en souvenir de moi, et, pour vous, il y a une petite épingle que j'ai toujours portée.

BONAQUET, *pleurant*.

Elle me brise le cœur, elle me fait perdre l'esprit ! et l'heure s'avance ! Maria, écoutez...

MARIA.

Je vous disais, mon bon monsieur Bonaquet, qu'à ce dîner chez vous, avec mon pauvre Joseph... et lui, vous savez ?

BONAQUET.

Maria, par pitié, pas toutes les douleurs à la fois ! je n'ai que les forces d'un homme, et j'en ai besoin pour tâcher de vous sauver.

MARIA.

Eh bien! à ce dîner, je vous ai parlé, n'est-ce pas, d'une prédiction que l'on m'a faite il y a quatre ans, et vous vous êtes moqué de moi?

BONAQUET.

Une prédiction! quelle prédiction?

MARIA.

Vous l'avez oubliée?

BONAQUET, *cherchant*.

Mais, je ne sais : pourtant, il me semble... (Tressaillant tout à coup et avec un cri.) L'échafaud!

MARIA.

Dans deux heures, j'y monterai. Vous le voyez, la sorcière avait raison.

BONAQUET, *regardant plus attentivement Maria, et remarquant l'espèce d'égarement avec lequel elle a prononcé ces dernières paroles.*

Ah! je comprends tout, maintenant! Frappée de cette sinistre prédiction, voyant d'inexplicables événements la confirmer par un terrible jeu du hasard, cette malheureuse enfant, déjà accablée par tant de chagrins, aura laissé sa raison s'ébranler; oui, et dans son égarement, elle a accepté cette horrible destinée avec l'aveugle et morne résignation du fataliste! (A Maria, avec une explosion de douleur.) Ainsi, quand vous disiez à vo-

tre avocat : « A quoi bon me défendre, je
« suis condamnée d'avance à l'échafaud ! »
dans votre pensée, vous faisiez allusion à
cette prédiction ?

MARIA.

Cela n'était-il pas tout naturel !

BONAQUET.

Ainsi, lorsque, poussée à bout de questions par vos juges, vous leur disiez : « Eh
« bien ! oui, c'est moi qui ai mis du poison
« partout ; cela doit être moi, puisque les
« empoisonneuses vont à l'échafaud, et que
« je dois y mourir ! » vous faisiez encore allusion à cette prédiction ?

MARIA.

Comment aurais-je pu m'en empêcher ?
Toute chose tournait contre moi : l'empoisonnement de la duchesse, le poison trouvé
dans ma commode ! Est-ce que cela ne
prouve pas que la prédiction devait s'accomplir ? Alors je me suis dit : Qu'elle s'accomplisse !

BONAQUET, *avec désespoir.*

Et c'est ainsi que vous vous êtes perdue
vous-même ! Cette préoccupation constante
de l'échafaud a été un argument terrible
contre vous. Mais pourquoi n'avoir pas, du
moins, parlé de cette prédiction à votre avocat, à vos juges, pour expliquer le sens de
vos paroles ?

MARIA.

A quoi bon ! je devais être condamné.

BONAQUET, *à part*.

Mais c'est une idée fixe, une monomanie, et l'on ne condamne pas les insensés !

MARIA, *souriant avec amertume*.

Monsieur Bonaquet, la prédiction de la sorcière se réalise-t-elle, oui ou non? (Silence du docteur.) Vous voyez donc bien que je n'étais pas si folle.

BONAQUET.

Mais il faut pourtant que l'on sache cela ! mon Dieu ! il est impossible que l'on prenne pour le cri involontaire du remords la diva-

gation d'un esprit troublé par le chagrin,
égaré par une croyance insensée à la fatalité ! Il faut que la vérité soit dite, soit connue ! On ne peut pas laisser une créature de
Dieu se suicider ainsi en se jetant au-devant
de l'échafaud ! Le magistrat est là, et je
cours... Mais, hélas ! à quoi bon ? maintenant le jugement est rendu ! Ce sont des
moyens de défense pour un avocat, ce n'est
pas une révélation assez précise pour faire
suspendre l'exécution.

(Regardant sa montre.) Et cette aiguille
qui marche toujours ! (Joignant les mains
avec force et levant les yeux au ciel) Mon
Dieu, mon Dieu ! oh ! vous, seul protecteur
du juste et de l'innocent, ayez pitié de moi,
inspirez-moi ! Hélas ! sur quelle voie de sa-

lut mettre ce pauvre esprit à moitié égaré par le malheur ? Comment découvrir le monstre d'hypocrisie et de férocité qui a commis le crime et envoie cette malheureuse à l'échafaud ? Il reste un moment pensif et accablé.)

MARIA, *le regardant.*

Allons, je suis moins faible que je ne le pensais. Cela me donnera au contraire de la force d'avoir vu ce bon et excellent homme, l'ami d'enfance de ce pauvre Joseph, qui l'aimait tant ! (Regardant la montre de Bonaquet.) Sept heures moins un quart... et c'est pour huit heures !

II

II

Le docteur Bonaquet est resté pendant quelques instants plongé dans ses réflexions; il essuie ses larmes et dit à la condamnée :

— Maria, il faut que le véritable coupable soit connu, il le sera !

MARIA.

Il ne peut l'être.

BONAQUET.

Pourquoi ?

MARIA.

Mon sort ne s'accomplirait pas.

BONAQUET.

(*A part.*) Toujours cette idée fixe et fatale! (*Haut*) Maria, écoutez-moi, je vous en conjure... Dans votre interrogatoire, vous avez parlé de vos projets de vengeance contre la famille de la duchesse de Beaupertuis, sans vouloir vous expliquer sur la nature de cette vengeance.

MARIA.

C'eût été couvrir de honte la duchesse de

Beaupertuis. Et d'ailleurs, cela ne m'aurait servi à rien

BONAQUET.

— Oui, je comprends, votre sort devai s'accomplir... Toujours cette idée fixe! Mais comment la révélation de vos projets de vengeance eût-elle couvert de honte madame de Beaupertuis?

MARIA.

Monsieur Bonaquet, le prince de Morsenne était l'auteur de tous mes chagrins. C'est lui qui, par sa proposition honteuse, a jeté la jalousie dans le cœur de Joseph.

BONAQUET.

Je le sais, cette jalousie insensée a fait, hélas! le malheur de sa vie et de la vôtre.

MARIA.

Un jour, poussée à bout, voulant à tout prix me venger du prince, j'ai écouté les conseils de M. Anatole : je me suis rendue dans une maison ; j'y suis restée à peine dix minutes. Là j'ai dit quelques mots à M. Anatole ; ces mots devaient faire croire au prince, qui les a entendus, que M. Anatole était mon amant.

BONAQUET.

Lui !

MARIA.

Vous ne le pensez pas, j'espère, monsieur Bonaquet. A l'heure de mourir, je ne mentirais pas.

BONAQUET.

Je vous crois, pauvre enfant ! Ainsi, cette

fausse apparence, ménagée par Anatole, devait porter un coup terrible à M. de Morsenne.

MARIA.

Et il s'en est bien vengé ! Le lendemain matin, il a envoyé au magasin l'homme qui était déjà venu pour me proposer de l'argent ; il a trouvé Joseph, lui a fait croire que j'étais la maîtresse de M. Anatole. Joseph est accouru chez maman, et après quelques mots, sans vouloir m'entendre, il est tombé sans connaissance. Depuis ce temps-là, il est fou. Lorsque j'ai vu mon mari à Bicêtre, mon père et ma mère morts de chagrin, ma petite fille réduite à la misère, je n'ai plus eu qu'une pensée, me venger de l'auteur de tous mes malheurs, et, à défaut de lui, me venger sur sa fille. Une occasion s'est offerte, je l'ai saisie.

BONAQUET.

J'ai lu cela dans votre procès. Désirée, votre sœur de lait, voulait quitter le service de la duchesse; vous étiez presque dans la misère, et vous avez demandé à votre sœur de lait de tâcher de vous présenter à sa place chez madame de Beaupertuis.

MARIA.

Mais ce que je n'ai pas dit, c'est pour quelle raison Désirée Buisson voulait quitter la duchesse. Désirée était la plus honnête fille du monde, et surtout très pieuse; elle aimait beaucoup sa maîtresse, mais pas assez pour rester longtemps sa complice.

BONAQUET.

Sa complice ! Et comment ?

MARIA.

Voilà ce que m'a dit Désirée, aussi vrai que vous êtes là, monsieur Bonaquet : —
« Depuis que le prince de Morsenne est
« parti pour son ambassade, madame la du-
« chesse est venue occuper l'ancien appar-
« tement de son père au rez-de-chaussée.
« Comme le prince avait toujours quelques
« amourettes cachées, il aimait à pouvoir
« sortir de l'hôtel et y entrer sans être vu ;
« aussi, de chez lui et sous sa clef, on gagne
« une petite porte donnant sur la rue. Ma-
« dame la duchesse m'a commandé de faire
« faire une double clef de cette porte : c'est

« par là que maintenant elle sort, le soir,
« quand on la croit couchée ; elle ne rentre
« bien des fois qu'au point du jour. De plus,
« comme madame la duchesse et moi nous
« sommes à peu près de la même taille, elle
« m'a commandé de lui faire faire, comme
« pour elle, des robes très simples, et de
« lui acheter des petits bonnets comme en
« portent les grisettes. Elle m'a fait enfin
« louer, sous mon nom, dans le haut du
« quartier du Luxembourg, près la bar-
« rière, un petit appartement, m'ordonnant
« de le meubler, avec linge, argenterie, et
« d'y envoyer, tous les samedis et tous les
« jeudis, des vins et des provisions de chez
« Chevet, afin d'y trouver toujours un sou-
« per froid. Madame la duchesse se perd, se
« dégrade; pour rien au monde je ne la

« trahirais, mais pour rien au monde non
« plus je ne resterais à son service : c'est
« pour moi un cas de conscience. Aussi, ne
« voulant pas lui dire pour quelle raison je
« la quitte, je prétexte le désir de retour-
« ner dans mon pays. »

BONAQUET, *de plus en plus attentif.*

Continuez, continuez.

MARIA.

En entendant Désirée me parler ainsi, monsieur Bonaquet, j'ai pensé que j'avais ma vengeance sous la main si je pouvais remplacer ma sœur de lait chez la duchesse.

BONAQUET.

Afin d'obtenir sa confiance, de devenir

maîtresse de ses secrets, et de la perdre si vous vouliez?

MARIA.

Oui, d'abord... Aussi ai-je dit à Désirée : Je n'ai pas tes scrupules; il me reste à peine de quoi vivre pour moi et pour ma petite fille; la place que tu quittes serait toute mon ambition. D'après la vie que mène ta maîtresse, il lui faut surtout une femme de chambre dévouée, intelligente et surtout discrète. Tu me connais, tu peux en cela répondre de moi à la duchesse. Quant au service, je m'y habituerai; ce n'est pas d'ailleurs bien difficile; enfin le zèle suppléera à ce qui me manque. Quatre jours après, j'étais entrée chez la duchesse comme femme de chambre.

BONAQUET.

Et votre vengeance?...

MARIA.

Il me fallait d'abord gagner l'affection de madame de Beaupertuis; j'y ai réussi. Avec la vie qu'elle menait, elle ne pouvait se passer d'une confidente. J'étais entrée, pour ainsi dire, chez elle en cette qualité; mais en outre de cela, mon caractère lui a plu, et non-seulement j'ai su ce que je devais savoir, ses sorties pendant la nuit, ses déguisements, ses rendez-vous, mais elle a fini par m'ouvrir son cœur tout entier... Alors, mon pauvre monsieur Bonaquet, alors je n'ai plus eu le courage de songer à me venger, comme je le voulais d'abord.

BONAQUET.

Que dites-vous ! Et pourquoi cela ?

MARIA.

La duchesse était la plus malheureuse des créatures !

BONAQUET.

Elle ?

MARIA.

Malgré l'affreuse vie qu'elle menait, c'était quelquefois à en fendre l'âme. Elle avait adoré M. Anatole, le premier, le seul homme qu'elle eût jamais aimé. Il l'avait indignement abandonnée; elle avait manqué mourir de chagrin, mais sa jeunesse l'avait sauvée. Alors, pour s'étourdir sur un amour ’elle gardait malgré elle au fond du cœur, ‑appelant, m'a-t-elle dit, les indignes ‑ıe M. Anatole lui avait donnés...

BONAQUET.

Je le sais : il lui avait vanté, pour la perdre, les infamies de certaines grandes dames de la Régence.

MARIA.

S'il voulait la perdre, il l'a perdue. Car, voyez-vous, monsieur Bonaquet, il aurait reculé lui-même devant les excès où elle se jetait avec une sorte de désespoir.

BONAQUET.

Oh! c'est affreux!

MARIA.

La duchesse est morte, monsieur Bonaquet... et même, avec vous, je ne veux, pour sa mémoire, entrer dans aucun détail là-dessus... Cela vous ferait peur... non, cela vous ferait pitié, comme cela m'a fait pitié à moi-même. Ah! que de fois, sur les derniers temps, je l'ai vue revenir pâle, sombre, et comme ayant horreur d'elle-même. Alors, elle éclatait en sanglots, se roulait sur son lit comme une folle ; car, dans cette vie effrénée, elle n'avait trouvé que satiété, dégoût, et, par-dessus tout, honte d'elle-même, sans parvenir à oublier M. Anatole, qu'elle aimait et maudissait à la fois, en l'appelant encore avec des cris d'amour et de rage !

BONAQUET, *cachant sa figure dans ses mains.*

Oh! horrible!... horrible!... et voilà ce qu'un homme peut faire de l'âme d'une femme!!

MARIA.

Alors, je vous l'ai dit, monsieur Bonaquet, le cœur m'a manqué pour me venger. Je voyais la duchesse cent fois plus malheureuse que je n'aurais pu la rendre moi-même ; de ce moment, cela ne me servait plus à rien de rester chez elle. Pourtant, avant de la quitter, j'étais décidée à lui dire :
« Votre père a causé tous mes chagrins ; je
« suis entrée chez vous dans l'intention de
« vous perdre ; je le pourrais, car je con-
« nais tous vos secrets ; mais, rassurez-vous,
« je vous vois si malheureuse, que je ne
« veux que vous plaindre... Voila ma ven-
« geance. »

BONAQUET.

...Et c'est à cette généreuse vengeance que

Clémence Duval faisait allusion dans le billet qui a été trouvé chez vous? Pauvre enfant!

MARIA

Oui, car le hasard m'avait rapproché de cette demoiselle; nous nous étions liées... je vais vous dire comment, et...

BONAQUET.

Non, non, par pitié, ne me parlez pas plus d'elle que de Joseph. Je vous l'ai dit, ce serait trop de douleurs à la fois, et j'ai besoin de toutes mes forces. Mais pourquoi, renonçant à votre vengeance, êtes-vous restée chez la duchesse?

MARIA.

A cette époque, elle est tombée malade....

le commencement du poison sans doute; elle s'était tellement attachée à moi, et moi à elle, que lorsque je l'ai vue de plus en plus souffrante, j'ai remis mon départ après sa guérison, que j'espérais; mais son état a empiré de jour en jour. C'est alors que j'ai été arrêtée.

BONAQUET.

Je m'explique maintenant comment à l'audience cette malheureuse femme vous a remerciée, presque mystérieusement, de votre dévoûment, de votre fidélité, car vous pouviez la déshonorer par vos révélations! Mais, pauvre enfant, je conçois que tant qu'elle a vécu, vous ayez, par générosité, gardé ses honteux secrets; mais après sa mort, cette révélation pouvait vous sauver.

MARIA.

J'aurais dit cela, qu'on m'aurait répondu comme pour le prince de Morsenne : « Men-
« songe ! calomnie ! Voyez cette empoison-
« neuse ! voyez ce monstre ! Quelle au-
« dace ! elle traine dans le ruisseau la mé-
« moire de sa victime, qui n'est plus là pour
« la démentir ! »

BONAQUET.

Hélas ! c'est peut-être vrai.

MARIA.

Et puis, la déshonorer lâchement... elle qui s'était montrée pour moi si bonne ! Non, non ! jamais je n'aurais eu ce courage. Il fallait d'ailleurs que ma destinée s'accomplît !

on ne peut rien contre sa destinée ! (Elle reste pensive.)

BONAQUET, *à part et avec douleur.*

La voilà retombée dans son égarement d'esprit, après m'avoir parlé tout à l'heure avec tant de sens et de cœur... Oui, les médecins ont dû se dire : Elle n'est pas folle, mais elle feint parfois d'avoir l'esprit dérangé. (Avec accablement.) Ah ! plus d'espoir ! plus d'espoir !

MARIA, *secouant mélancoliquement sa tête.*

Oui, c'était ma destinée... tout était arrangé par le sort pour que la sorcière eût raison. Voyez plutôt, mon pauvre monsieur Bonaquet. Une nuit, pendant mon sommeil, je parle d'échafaud et de vengeance ! Le duc m'entend, va dans ma chambre et y trouve le poison ! (Mouvement de Bonaquet. Il tressaille soudain et paraît frappé d'une idée subite. Le duc trouve encore du poison dans la théière où j'avais moi-même préparé un breuvage pour la duchesse. Il fallait bien que tout cela arrivât. Sans cela, il n'y aurait pas eu de raison pour que je sois condamnée, comme l'avait prédit la sorcière. Est-ce vrai, monsieur Bonaquet ? (Le docteur ne répond rien, se lève et marche avec agitation, comme s'il poursuivait une idée encore vague. — Maria, de plus en plus égarée, s'aperçoit à peine du mouvement de Bonaquet. Elle continue.) Oui, tout cela devait arriver. En voulez-vous une autre preuve, monsieur Bonaquet ? A l'audience, quand la duchesse est morte, mademoiselle Clémence Duval et moi, nous avons couru à elle. Nous nous sommes ainsi trouvées encore une fois toutes trois réunies, comme nous l'avions été déjà trois fois sans nous connaître : la première fois chez la sorcière, la seconde fois au bal de l'Opéra, la troisième fois chez M. Anatole, boulevard Bonne-Nouvelle. La dernière fois nous devions nous trouver réunies à la cour d'assises. La duchesse mourait empoisonnée, et la sorcière lui avait dit : *Tu mourras de mort violente.* Clémence Duval était sur le banc de l'infamie pour avoir tué son enfant, et la sorcière lui avait dit : *Tu seras condamnée à une peine infamante.* Moi, j'étais accusée d'assassinat, et la sorcière m'avait dit : *Tu mourras sur l'échafaud.* (Riant d'un air sinistre.) Aussi, elle s'est trouvée là pour jouir de sa bonne aventure, la sorcière ! car mademoiselle Clémence Duval et moi, au milieu du tumulte causé par la mort de la duchesse, nous avons entendu une voix nous dire : *Vous voilà pour la dernière fois toutes trois réunies ; souvenez-vous de la rue Sainte-Avoye !* Vous le voyez bien, monsieur Bonaquet, je ne suis pas la seule dont le sort s'accomplit comme il a été prédit : l'on ne peut aller contre cela. Mais, monsieur Bonaquet, vous ne me dites plus rien ? Est-ce que vous êtes fâché ? Qu'avez-vous, mon Dieu ! qu'avez-vous ?

BONAQUET, *jusqu'alors pensif, paraît en proie à une vive anxiété. Soudain il lève les yeux au ciel et joint les mains avec ferveur.*

Oui, plus j'y pense, plus ce soupçon se

change pour moi en certitude! Oui, le crime doit être là! Maria, je vous en conjure, rassemblez vos souvenirs, écartez tout ce qui peut troubler votre raison, et répondez-moi : Croyez-vous que le secret des désordres de la duchesse ait été assez bien gardé pour que personne ne les ait soupçonnés?

MARIA.

Jamais, à l'hôtel, personne ne s'est douté de rien. Nos précautions étaient trop bien prises.

BONAQUET.

Cherchez bien. Aucune circonstance ne vous ferait-elle supposer, par exemple, que le duc ait eu quelque doute sur la conduite de sa femme?

MARIA.

Non; il vivait séparé de la duchesse et ne la voyait qu'aux repas. Cependant je me rappelle... Mais non, qu'est-ce que cela fait?

BONAQUET.

Tout fait, tout est important! Au nom du ciel, dites, dites, qu'avez-vous remarqué?

MARIA.

Jamais le duc n'avait suivi sa femme dans le monde. Mais, quelque temps avant mon entrée à l'hôtel de Morsenne, j'ai su par Désirée que lorsque la duchesse allait au bal, ce qui lui arrivait alors très-rarement, car elle préférait sortir le soir déguisée, son mari, contre son habitude d'autrefois, l'accompagnait toujours.

BONAQUET.

Ainsi, il n'aurait commencé à accompagner sa femme au bal qu'à peu près à l'époque où elle a commencé à se livrer à ses désordres ?

MARIA.

Oui... d'après ce que m'a dit Désirée.

BONAQUET.

Et la duchesse, dans ses confidences, ne vous a pas paru étonnée de ce changement de conduite de la part de son mari ?

MARIA.

Je ne me souviens pas... Pourtant si... je

me rappelle que la duchesse m'a dit une ou deux fois : « Je ne sais quelle fantaisie a pris « depuis quelque temps à M. de Beaupertuis « de venir avec moi dans le monde, où je « vais maintenant si peu. Ses yeux ne me « quittent pas, on dirait qu'il espionne mes « regards. »

BONAQUET.

Et le caractère du duc, quel était-il avant cette époque ? A-t-il changé depuis quelque temps ?

MARIA.

Non, il était toujours le même, très doux pour tout le monde, très bon homme enfin, et ne s'occupant que des insectes, dont il faisait collection.

BONAQUET.

Et rien, rien, encore une fois, ne peut vous faire penser que le duc ait soupçonné la conduite de sa femme? Je vous en conjure, interrogez bien vos souvenirs.

MARIA.

Non, je ne me rappelle rien.

BONAQUET.

Mon Dieu! mon Dieu! rien!

MARIA.

Ce n'est pas ma faute! Depuis quelque temps, j'ai la tête si faible; et puis, je fais justement tout mon possible pour ne pas me souvenir.

BONAQUET.

Par pitié, cherchez encore !

MARIA.

Pourquoi ? à quoi bon ?

BONAQUET.

Cherchez toujours !

MARIA, *portant la main à son front.*

Attendez ! oui, une fois la duchesse m'a dit : « Je n'aurais jamais cru qu'avec sa figure si ridicule, M. de Beaupertuis pût faire peur à quelqu'un : il m'a fait peur. »

BONAQUET, *tressaillant.*

Achevez ! oh ! achevez !

MARIA.

« Tantôt, » — a continué la duchesse, —
« j'étais à ma toilette, assise devant ma
« glace. M. de Beaupertuis, contre son ha-
« bitude, est entré chez moi, le matin, pour
« me demander si j'étais toujours décidée à
« aller le soir au bal. Je lui ai dit que non,
« ayant changé d'avis à cause du rendez-
« vous que tu sais, petite (la duchesse m'ap-
« pelait ainsi). M. de Beaupertuis me ré-
« pond avec sa douceur et sa soumission ac-
« coutumées : — Très bien ! très bien ! ma
« chère amie. — Seulement, comme il ou-
« bliait que dans ma glace je voyais sa fi-
« gure, cette figure, ordinairement si dé-
« bonnaire, a pris tout à-coup une expres-
« sion si hideuse, je dirais presque si féroce,

« que j'ai eu peur ; et malgré moi, je me
« suis vivement retournée vers mon mari ;
« mais lui, ne paraissant pas du tout sur-
« pris, a continué de me faire sa vilaine fi-
« gure, comme s'il eût voulu plaisanter, et
« il m'a dit : — Fi ! fi ! la méchante femme,
« qui ne veut pas aller au bal ce soir, moi
« qui me faisais une joie de l'y accompa-
« gner ! »

BONAQUET, *bondissant sur la chaise.*

Maria, ce fait, vous me l'assurez ! vous vous le rappelez dans tous ses détails !

MARIA.

Certainement, mais qu'avez-vous ?

BONAQUET, *d'une voix palpitante.*

Lorsque la duchesse est tombée malade,

le duc s'est montré désolé, plein de soins pour elle?

MARIA.

Oui, il a voulu la veiller en même temps que moi, être toujours là. Cela ennuyait la duchesse, mais son mari pleurait tant, il était si malheureux de la voir souffrir qu'elle n'avait pas le courage de le renvoyer.

BONAQUET.

Et cette nuit dans laquelle, en rêvant, vous avez parlé d'échafaud, de vengeance, le duc était seul avec vous dans la chambre de sa femme?

MARIA.

Oui, seul.

BONAQUET.

Et c'est lui qui a trouvé le poison dans votre commode ?

MARIA.

C'est lui.

BONAQUET, *avec ivresse*.

Merci, mon Dieu, merci! tu m'as entendu! (Courant au guichet et y frappant à coups redoublés.) Ouvrez! ouvrez!

MARIA.

Monsieur Bonaquet, vous me quittez!

BONAQUET, *frappant toujours au guichet*.

Ouvrez! ouvrez donc!

LE GEÔLIER, *entrant et bas au docteur*.

Pardon, monsieur, je recevais M. l'exécuteur, et j'allais venir vous prévenir, car il est sept heures un quart.

BONAQUET, *stupéfait*.

Que dit cet homme?

LE GEÔLIER, *bas*.

Je dis qu'il est sept heures un quart, et c'est pour huit heures très précises. Je viens chercher la pauvre dame pour *la toilette*.

BONAQUET, *avec épouvante*.

Mon Dieu! trop tard!... Ma tête se perd! Non!... Heureusement le magistrat est là. (Au geôlier.) Le directeur? Conduisez-moi chez lui à l'instant. (A Maria.) Courage, espoir, attendez! (Il sort éperdu.)

MARIA, *le regardant s'en aller.*

Il n'a pas la force de rester pour me dire adieu. Pauvre M. Bonaquet! je comprends cela.

LE GEOLIER.

Ma chère dame, voulez-vous venir avec moi?

MARIA, *frissonnant.*

Ah!... déjà!

LE GEOLIER.

Non, ma petite dame... non, ma parole d'honneur... Je vous le dirais franchement... C'est, (Avec embarras.) c'est tout bonnement pour une petite formalité. Venez.

MARIA.

Allons! (Elle sort avec le geôlier.)

III

III

III

(Une salle basse dans la prison. Maria est assise sur une chaise, les mains attachées derrière le dos, pendant que l'exécuteur des hautes œuvres lui coupe les cheveux. A côté de Maria, un prêtre tenant un crucifix. Dans le fond, les aides des exécuteurs, gardiens, gendarmes.

Maria est d'une pâleur livide ; elle semble inerte, et elle n'a plus conscience de ce qui se passe autour d'elle. De temps à autre, elle baise machinalement le crucifix que lui présente le prêtre.)

L'EXÉCUTEUR, *à Maria Fauveau, avec une courtoisie excessive.*

Ayez la bonté, Madame, de vouloir bien, s'il vous plaît, baisser la tête un peu davantage. (En disant cela, il pèse doucement du plat de sa main sur le sommet de la tête de Maria et l'incline.) Très bien, Madame, parfaitement comme cela ; je vous remercie de votre obligeance. (Les cheveux de Maria continuent de tomber sous les ciseaux. (A

part.) Les magnifiques cheveux ! le joli cou !
qu'il est blanc ! C'est dommage.)

LE PRÊTRE.

Allons, ma sœur, du courage... Pensez au
Rédempteur du monde, qui a aussi porté sa
croix... Baisez son image, ma fille.

(Maria fait un mouvement de tête machi-
nal pour approcher ses lèvres du crucifix.)

L'EXÉCUTEUR.

Madame, prenez garde, ne bougez pas,
de grâce. Mon Dieu ! mon Dieu ! j'ai failli

vous couper. (Au prêtre, d'un ton piqué.) Permettez-moi, monsieur l'abbé, d'achever mes fonctions. A chacun son devoir.

LE PRÊTRE *se pince les lèvres, mais ne répond pas, et s'adresse à Maria.*

Ma sœur, recommandez votre âme à l'iné‑ puisable miséricorde du Seigneur; votre crime est grand, mais sa miséricorde est plus grande encore. Baisez son image, ma sœur.

(A ce moment entrent précipitamment le docteur Bonaquet, le directeur de la prison, le greffier et le magistrat chargé de recevoir

les révélations, s'il y a lieu, sinon d'assister
à l'exécution. A la vue de Maria ayant d'un
côté le prêtre, de l'autre le bourreau, le docteur Bonaquet pâlit, chancelle ; un sanglot
déchirant s'échappe de sa poitrine, et il met
ses deux mains sur sa figure.)

LE DIRECTEUR, *au prêtre*.

Monsieur l'abbé, veuillez vous retirer un
instant, l'accusée a des révélations à faire.
(A l'exécuteur.) Laissez-nous, Monsieur. Que
tout le monde sorte.

(Tout le monde sort, sauf Bonaquet, le magistrat, le greffier et le directeur de la prison ; Maria reste assise sur sa chaise, les

mains liées et les cheveux coupés ; ses lèvres s'agitent convulsivement ; elle paraît complètement étrangère à ce qui se passe autour d'elle. Le docteur Bonaquet s'approche vivement.)

LE DOCTEUR BONAQUET, *à Maria.*

Mon enfant, courage ; me voilà, vous êtes sauvée ! La vérité va être connue ; M. le magistrat va recevoir vos révélations et faire surseoir à l'arrêt.

(Maria tressaille à la vue de Bonaquet, lève sur lui un regard fixe, puis elle tâche de lui sourire, et d'une voix éteinte elle murmure : Adieu !)

BONAQUET, *épouvanté.*

Maria, mon enfant, revenez à vous, reprenez courage ! Vous êtes sauvée ; entendez-vous, sauvée ! sauvée !

LE MAGISTRAT, *bas au docteur.*

Monsieur le docteur, prenez garde, ne donnez pas une vaine espérance à cette infortunée.

BONAQUET, *se mettant à genoux devant Maria dont le regard erre çà et là.*

Maria ! mais, mon Dieu ! vous ne me voyez

donc pas? vous ne m'entendez donc pas?
C'est moi, votre ami; je viens vous sauver.
Répétez seulement au magistrat ce que vous
m'avez dit à moi tout à l'heure.

LE MAGISTRAT, *bas au directeur.*

Elle est dans un état déplorable; la peur
de la mort la paralyse... on ne tirera pas un
mot d'elle.

LE DIRECTEUR.

Je le crains.

LE DOCTEUR BONAQUET, *à Maria, en sanglotant.*

Maria! Maria!... Rien!... La tête n'y est

plus, mon Dieu! mon Dieu! Maria! répondez-moi donc! c'est le salut, c'est la vie que je vous apporte.

MARIA, *d'un air égaré et d'une voix éteinte.*

Que ma destinée s'accomplisse... L'échafaud, c'est mon sort.

LE MAGISTRAT, *à Bonaquet.*

Monsieur le docteur, je suis navré de ce qui arrive ; mais, vous le voyez, la pensée n'y est plus. La condamnée m'aurait fait des révélations graves, précises, que j'aurais pu prendre sur moi de faire surseoir à l'arrêt ; mais, vous le voyez, cette infortunée a moralement cessé de vivre.

BONAQUET, *avec force.*

Et c'est pour cela, Monsieur, qu'il faut la faire revivre, briser ses liens, la reporter dans sa cellule, lui donner des cordiaux! Rappelons d'abord dans ce pauvre être défaillant la pensée qui lui échappe, et alors, Monsieur, alors vous l'entendrez! vous arriverez à la connaissance de la vérité, vous découvrirez le coupable! Vite! vite, Messieurs (tâtant le pouls de Maria); son pouls est à peine sensible, il n'y a pas un moment à perdre... Vite. Il doit y avoir ici une pharmacie... Donnez-moi de l'éther... Approchons-la de cette fenêtre... De l'air! de l'air!

LE DIRECTEUR, *l'arrêtant.*

Croyez-moi, Monsieur, laissons cette pauvre femme dans cet état d'anéantissement, c'est un bienfait pour elle.

BONAQUET, *avec stupeur.*

Comment!

LE MAGISTRAT.

M. le directeur a raison... notre devoir est pénible, Monsieur, mais les arrêts de la justice sont irrévocables... Le temps se passe et l'heure avance.

BONAQUET, *avec indignation.*

Le temps se passe!... Comment, pour arracher une créature de Dieu à la mort, pour empêcher un assassinat juridique, on ose parler de temps! Eh! Monsieur! pour que cette malheureuse reprît son bon sens, fallût-il huit jours, ne pas les attendre serait un crime aux yeux de Dieu et des hommes!

LE MAGISTRAT.

Cette discussion est douloureuse, Monsieur, mais, dans le procès, la question d'aliénation mentale a été écartée par les médecins... L'arrêt est rendu, et lors même que la condamnée aurait des révélations à faire, et rien ne me le prouve...

BONAQUET.

Et ma parole ? Monsieur !

LE MAGISTRAT.

Si respectable qu'elle soit, Monsieur, votre parole ne peut couvrir ma responsabilité. A peine cette malheureuse femme vous a-t-elle reconnu, elle a été incapable de répondre à vos questions. Or, je vous en conjure de nouveau, monsieur le docteur, laissez la justice suivre son cours, ne prolongez pas inutilement l'agonie de cette malheureuse.

BONAQUET, *désespéré*.

Mais c'est un assassinat, Monsieur ; mais je connais le coupable... c'est le duc de Beaupertuis.

LE MAGISTRAT, *sévèrement*.

Monsieur le docteur, par considération pour votre caractère si honorablement connu, je ne veux pas avoir entendu les imprudentes paroles que votre attachement pour la condamnée vous arrache.

BONAQUET.

C'est ma conviction, Monsieur ; donnez-moi une heure et je prouve ce que je dis.

LE MAGISTRAT.

Cette affirmation est bien téméraire, Monsieur; les seules révélations de l'accusée, si elles semblent précises et dignes de confiance, peuvent autoriser la suspension de l'arrêt; mais jamais la conviction d'une personne étrangère au procès ne peut, dans un pareil cas, avoir d'autorité. (Au directeur.) Monsieur le directeur, que la loi suive son cours.

BONAQUET, *à genoux*.

Monsieur... Messieurs!... non! non! vous ne ferez pas cela! C'est un meurtre! entendez-vous? un meurtre! et toute votre vie vous l'expieriez par des larmes de sang! (Avec un cri déchirant.) Elle est innocente! elle est innocente!

LE MAGISTRAT.

Oh! Monsieur, vous êtes sans pitié! Regardez-la donc!

(Maria est en proie à une sorte de délire ; elle frissonne et tressaille ; des mots interrompus ou inarticulés s'échappent de ses lèvres.)

Ma petite fille !... Je... Ah !... la mort... Pauvre Joseph !... la sorcière !... l'échafaud !...

(Sur un signe du magistrat, le directeur de la prison s'est rendu au fond de la salle, a ouvert la porte, et bientôt l'exécuteur, le prêtre, les gardiens et les gendarmes rentrent.)

BONAQUET, *couvrant Maria de larmes et de baisers.*

Ils vont l'égorger ! pauvre victime de leur justice, ils vont l'égorger ! Ah ! béni soit Dieu qui du moins t'a retiré la connaissance de ce moment affreux, malheureuse femme mais tu seras vengée! je le jure par ton sang innocent qui va couler (Le docteur s'arrête soudain comme frappé d'une idée subite; il court au directeur et s'écrie) : Faites-moi à l'instant ouvrir les portes que je sorte, que je coure!

LE DIRECTEUR, *à un gardien.*

Conduisez M. le docteur.

(Bonaquet sort en courant.)

LE DIRECTEUR, *l'exécuteur.*

Eh bien! sommes-nous prêts?

L'EXÉCUTEUR.

Oui, monsieur le directeur; mais il faut,

je crois, soutenir la condamnée jusqu'à la voiture, comme nous avons soutenu celui d'il y a quinze jours. (Il s'approche de Maria; elle n'a plus la moindre conscience de ce qui se passe; ses mouvements sont pour ainsi dire automatiques.) Allons, ma petite dame, un peu de bonne volonté. Croyez-vous pouvoir marcher toute seule?

LE PRÊTRE, *à Maria.*

Allons, ma sœur, offrez vos douleurs au Seigneur. Votre crime est grand, sans doute, mais sa miséricorde est plus grande encore. Baisez l'image de son fils qui a porté sa croix pour le salut des hommes, cela vous donnera des forces. (Il approche le crucifix des lèvres de Maria.)

L'EXÉCUTEUR, *à Maria.*

Allons, ma petite dame, un peu de bonne volonté, tâchons de marcher, voyons, essayons.

(Il fait signe à un de ses aides, qui s'approche ; chacun prend Maria sous un bras. Elle se lève par un mouvement brusque, regarde autour d'elle d'un air égaré, comme si elle cherchait quelqu'un ; puis, obéissant machinalement à l'impulsion que lui donnent l'exécuteur et son aide, elle se met à marcher d'un pas ferme et brusque, et elle monte bientôt dans la voiture cellulaire, qui se dirige vers la barrière Saint-Jacques, lieu habituel des exécutions.

IV

IV

(Le cabinet du duc de Beaupertuis à l'hôtel de Morsenne : casiers vitrés remplis d'une magnifique collection de coléoptères ; bibliothèque composée de livres scientifiques sur cette monographie de l'histoire naturelle ; çà et là, sur une grande table couverte d'un tapis, différentes boîtes garnies de toile métallique dans lesquelles s'agitent des scarabées vivants de différentes espèces ; cadres remplis d'insectes et de papillons pendus le long de la boiserie ; M. le duc de Beaupertuis, en robe de chambre, est assis dans un fauteuil ; d'une main il tient une pince, à l'aide de laquelle il soulève les élytres dorés d'un coléoptère ; de l'autre il tient une loupe dont il se sert pour examiner l'insecte avec une profonde attention ; la pendule commence à sonner lentement.)

LE DUC DE BEAUPERTUIS, *toujours l'œil sur sa loupe, écoute et compte les heures à mesure.*

Une... deux... trois... quatre... cinq... six... sept... huit... et neuf. (Après un silence.) Neuf heures !!! (Profond soupir d'allégement.)

(Madame la princesse de Morsenne entre avec le chevalier de Saint-Merry. Celui-ci est pâle et semble en proie à une douleur navrante ; ses habits sont négligés comme ceux d'une personne qui vient de parcourir une longue route en voiture. Madame de Morsenne est grave et accablée de tristesse. En entrant dans le cabinet du duc, en le voyant revenu à ses insectes et sa loupe à l'œil, elle le montre du geste au chevalier ; celui-ci hausse les épaules. Au bruit de la porte qui s'est ouverte, le duc se retourne, prend un air abattu, se lève et va au-devant de la princesse ; à la vue du chevalier de Saint-Merry il semble très surpris.)

LA PRINCESSE, *au duc.*

M. de Saint-Merry arrive à l'instant de

Nonancourt. Tout est terminé. (Elle porte son mouchoir à ses yeux humides. Ma fille, ma pauvre Diane! Enfin, ses derniers vœux sont exaucés!

LE DUC DE BEAUPERTUIS, *pleurant aussi.*

Hélas! oui, car bien souvent elle m'a répété : « Dès que j'aurai rendu le dernier « soupir, promettez-moi, mon ami, de faire « transporter mon corps à Nonancourt, où « j'ai passé les plus heureux jours de ma « vie! et surtout jurez que mon corps ne sera « pas profané par les médecins, puisque l'on « sait de quoi je meurs. »

LA PRINCESSE, *sanglotant.*

Mon Dieu! mon Dieu!

LE CHEVALIER DE SAINT-MERRY, *au duc, avec amertume.*

Ces détails sont navrants! assez, Monsieur, assez! (Lui montrant la princesse qui sanglotte.) Ménagez donc cette malheureuse mère!

LE DUC, *toujours pleurant.*

Hélas! monsieur le chevalier, pardon, mais je n'ai pas la tête à moi quand je pense à cette horrible perte! Ah! ma pauvre femme! Ainsi tout est fini à Nonancourt?

LE CHEVALIER.

Oui, Monsieur; selon ses désirs, elle a été enterrée dans la chapelle du château. (Essuyant ses larmes.) A vingt-six ans, si jeune, si belle, si charmante! mourir ainsi, oh! c'est affreux!

LE DUC.

Je n'oublierai de ma vie, monsieur le chevalier, le service que vous nous avez rendu en conduisant le corps de ma pauvre et adorée femme à Nonancourt. Moi, je n'aurais jamais eu ce courage-là, je serais mort de douleur en route.

LE CHEVALIER, *avec un désespoir contenu.*

On ne meurt pas de douleur, Monsieur; la preuve, c'est que je suis de retour de ce pénible voyage.

LA PRINCESSE.

Ah! monsieur de Saint-Merry! des amis comme vous sont seuls capables d'un dévoûment pareil.

LE CHEVALIER.

Diane n'était-elle pas... ma... ma... filleule ? Ne l'avais-je pas vue naître ? Ah ! je ne croyais pas la voir mourir ! (Il sanglote.)

LA PRINCESSE, *au chevalier*.

Mon pauvre ami, calmez-vous ! du courage !

(Un valet en grand deuil, aiguillettes de rubans bleu et orange sur l'épaule, entre d'un air effaré.)

LE VALET DE PIED.

Monsieur le duc ! Ah ! mon Dieu ! madame la princesse ! Ah ! mon Dieu !

LE DUC, *au valet de pied*.

Qu'est-ce qu'il a, celui-là ? qu'est-ce qu'il veut ?

LE VALET DE PIED.

On nous avait tous consignés à l'antichambre, mais j'ai pris le petit escalier de service, et j'ai accouru prévenir M. le duc.... Mais les voilà ! les voilà !

(La porte s'ouvre, le docteur Bonaquet entre accompagné d'un commissaire de police et du secrétaire-général du ministère de la justice. Deux agens de police gardent l'issue des deux portes qui donnent dans le cabinet du duc de Beaupertuis.)

LE DOCTEUR BONAQUET, *allant droit au duc*.

Assassin ! (M. de Beaupertuis devient

livide.) Vous avez empoisonné votre femme! (M. de Beaupertuis paraît foudroyé.)

(Stupeur générale; la princesse tombe à demi évanouie dans un fauteuil; le chevalier la soutient et jette un regard soupçonneux sur M. de Beaupertuis, dont la lividité devient effrayante; ses jambes flagellent, et, malgré lui, il est obligé de s'asseoir sur le rebord de la table auprès de laquelle il était debout.)

BONAQUET, *au secrétaire-général*.

Mon ami, me croyez-vous maintenant?

LE SECRÉTAIRE GÉNÉRAL, *bas au docteur*.

Cette pâleur, cet accablement, cette épouvante! (Avec une profonde anxiété.) Ah! la justice des hommes frappe souvent en aveugle !

LE DUC, *reprenant de l'assurance, mais parlant comme s'il avait le gosier desséché, et avalant, comme on dit vulgairement, sa salive, presque à chaque parole; de temps à autre, il tousse pour dissimuler l'altération de sa voix.*

Hum ! que me veut-on ? Quels sont ces gens-là ? De quel droit vient-on ainsi, hum ! hum ! violer mon domicile et m'outrager ? Hum ! Oui, qu'est-ce que cela veut dire d'oser m'appeler assassin ? moi, hum ! hum ! Voilà qui est, pardieu plaisant ! (Avec un rire effrayant, les traits décomposés et les lèvres violettes.) Ah ! ah ! ah ! très plaisant ! très plaisant ! hum ! hum ! (A la princesse.)

Vous entendez, ma chère belle-mère? vous entendez, mon cher chevalier?

LE CHEVALIER *n'a pas quitté le duc du regard ; il court à lui, le prend par les deux poignets, et le couvant d'un œil terrible.*

Oui, j'entends! (Secouant M. de Beaupertuis avec fureur.) Et moi aussi, en voyant ton épouvante et ta pâleur livide, je dis : Assassin! assassin!

LE DUC, *balbutiant et baissant la tête comme pour dérober sa figure aux regards.*

Ce n'est... ce n'est pas vrai! je ne suis pas pâle!

LE CHEVALIER, *le saisissant avec rage par les che-*

veux, lui relève la tête et le pousse devant la glace de la cheminée.

Mais, regarde-toi donc, monstre!

(M. de Beaupertuis jette malgré lui les yeux sur la glace, et, terrifié lui-même de l'expression de ses traits et de leur lividité, il recule d'un pas, puis il tombe anéanti dans un fauteuil.)

LA PRINCESSE, *presque égarée.*

Monsieur Saint-Merry, j'en deviendrai folle! C'est trop horrible! Ma tête se perd! Emmenez-moi d'ici! emmenez-moi! (Elle veut se lever, mais les forces lui manquent et elle retombe assise.)

LE CHEVALIER, *à la princesse.*

Je vous en conjure, restez. Il faut confondre l'assassin.

LE SECRÉTAIRE GÉNÉRAL, *au duc, qui, peu à peu remis, a tâché de reprendre son sang-froid.*

Monsieur, votre trouble évident fait naître dans mon esprit des soupçons de la plus haute gravité. Il est du devoir de la justice de procéder ici, à l'instant, en votre présence, à une minutieuse perquisition.

LE DUC, *d'une voix saccadée.*

Une perquisition! pourquoi faire? Pour trouver ici du poison, probablement? Pardieu! belle affaire! Certainement que l'on trouvera du poison? est-ce que je n'emploie pas de l'arsenic pour la conservation de mes insectes?

LE SECRÉTAIRE GÉNÉRAL.

Nous tiendrons acte de cette déclaration,

monsieur; nous allons néanmoins procéder à la perquisition.

LE DUC, *simulant l'indifférence*.

A votre aise, Monsieur, à votre aise! et pour vous épargner la peine de chercher longtemps, il y a une fiole d'arsenic dans ce tiroir... là-bas, le troisième de ce casier.

LE SECRÉTAIRE GÉNÉRAL, *au commissaire*.

Monsieur le commissaire, veuillez inventorier d'abord ce tiroir, et mettre les scellés.

(Le commissaire trouve en effet dans le tiroir un flacon d'arsenic à demi rempli. Le docteur Bonaquet suit attentivement l'investigation judiciaire. M. de Beaupertuis reprend peu à peu de l'assurance. Le chevalier de Saint-Merry échange à voix basse quelques paroles avec la princesse. Plusieurs tiroirs ont été visités, lorsque le commissaire, en fouillant un carton, trouve derrière plusieurs rouleaux de papiers un flacon plat, aux deux tiers plein d'une substance grisâtre. A peine le docteur Bonaquet a-t-il aperçu ce flacon, qu'il fait un mouvement.)

LE DOCTEUR BONAQUET, *au commissaire.*

Veuillez, monsieur, demander à M. de Beaupertuis ce que contient ce flacon. (Le commissaire prend le flacon et le montre au duc.)

LE DUC, *profondément troublé.*

Ça? Eh bien... ça doit être... ça doit être... Attendez donc... c'est de l'arsenic.

LE DOCTEUR BONAQUET.

C'est de l'acétate de morphine, monsieur ! je m'y connais.

LE DUC, *d'une voix strangulée.*

Ce n'est pas vrai !

LE SECRÉTAIRE GÉNÉRAL.

Les experts décideront, monsieur.

LE DUC.

Décideront quoi ? Est-ce que cela me regarde, moi ! Savez-vous ce qui sera arrivé ? C'est que le droguiste se sera trompé et aura donné une chose pour une autre. Voilà-t-il pas une belle affaire.

LE COMMISSAIRE, *à M. de Beaupertuis, après avoir attentivement regardé le flacon.*

Monsieur, je dois à la vérité une déclaration : c'est moi qui, sur votre réquisition, ai procédé dans cet hôtel à l'arrestation de la malheureuse Maria Fauveau. Or, j'affirme ici que le flacon saisi dans sa commode sur votre indication (il est encore au greffe) était d'une forme absolument pareille à celui-ci, de cette forme plate et allongée.

LE DUC, *de plus en plus troublé.*

C'est faux !

LE SECRÉTAIRE GÉNÉRAL.

La comparaison sera facile, monsieur.

(Au commissaire.) Veuillez continuer la perquisition.

LE DOCTEUR BONAQUET, *après réflexion, s'adresse à M. de Beaupertuis.*

Monsieur, j'ai attentivement lu le compte-rendu du procès criminel intenté à Maria Fauveau. J'ai lu, et le souvenir de cette circonstance me frappe maintenant, qu'à plusieurs reprises, et surtout au moment où l'on demandait à madame de Beaupertuis si elle ne recevait ses breuvages que des mains de Maria Fauveau; j'ai lu, dis-je, que vous aviez tiré de votre poche un flacon, et que, du contenu de ce flacon, vous aviez imbibé un mouchoir que vous aviez ensuite porté au nez et aux lèvres de madame de Beaupertuis. Pourriez-vous représenter ce flacon?

LA PRINCESSE, *vivement.*

C'est un flacon de Venise à fermeture émaillée. Il appartenait à ma fille. Je l'ai remarqué. M. de Beaupertuis s'en est servi plusieurs fois à l'audience.

LE DUC, *se levant brusquement, quoique ses jambes tremblent sous lui.*

Oui, oui, je sais bien. Ce flacon, je vais aller vous le chercher.

LE DOCTEUR BONAQUET.

M. le commissaire et moi, nous vous accompagnerons, monsieur.

LE DUC, *atterré.*

Au fait, non, je ne me rappelle plus où je

l'ai mis, ce flacon. Où est-ce donc que je l'aurai mis?

LE SECRÉTAIRE GÉNÉRAL.

Nous le retrouverons, monsieur, dans le cours de notre perquisition. Continuez, monsieur le commissaire.

LE DUC.

Et puis, qu'est-ce que cela veut dire, ce flacon? Ça ne signifie rien du tout, ça ne prouve rien !

LE DOCTEUR BONAQUET.

Cela prouve beaucoup, monsieur. Voici pourquoi : vous avez empoisonné votre femme par vengeance. (Mouvement du duc, de la princesse et du chevalier.) D'abord, vous lui avez donné le poison à petites doses... Une nuit, vous la veilliez avec Maria Fauveau; quelques paroles étranges sont échappées à cette infortunée pendant son sommeil; elles vous ont donné une idée infernale, celle de faire tomber sur Maria les soupçons qui, malgré votre habilité d'empoisonneur, pouvaient vous atteindre un jour.

LE DUC.

C'est faux! archifaux!

BONAQUET.

Vous le prouverez, monsieur. On arrête Maria, et, sur votre indication précise, on trouve dans sa commode un flacon de poison mis là par vous.

LE DUC.

Mis là par moi? allons donc! c'est stupide!

BONAQUET.

Je dis : Mis là par vous, monsieur! La preuve, c'est qu'il était absolument pareil à celui que l'on vient de découvrir ici. L'empoisonneuse arrêtée, il fallait, pour confirmer les soupçons élevés contre elle, que l'empoisonnement subît un temps d'arrêt; cela est arrivé : vous avez diminué momentanément les doses du poison, et, sans s'améliorer, l'état de madame de Beaupertuis n'a pas empiré. Vient le jour de l'audience, l'occasion vous paraît bonne pour en finir avec votre femme : sa mort, presqu'instantanée, sera attribuée aux violentes émotions de la séance. Vous vous êtes muni d'un poison subtil, et, sous prétexte de réconforter votre victime par un cordial, vous achevez de la tuer, entendez-vous bien, monsieur! et que le ciel me foudroie si le flacon que vous refusez de représenter ne contient pas ou des restes ou des traces de poison!

LE DUC *regarde le docteur avec terreur et balbutie.*

Quoi? comment? qu'en savez-vous? qui vous a dit? pourquoi supposer?

LE CHEVALIER DE SAINT-MERRY, *frappé d'une idée subite et au duc.*

Misérable! vous souvenez-vous qu'à la fin de cette audience, la princesse est tombée évanouie? Je vous ai demandé votre flacon; vous me l'avez refusé.

LE DUC.

Je ne me rappelle pas cela; c'est faux!

LE CHEVALIER.

C'est si vrai, que vous m'avez répondu, en ayant l'air de fouiller dans vos poches : Au milieu de ce tumulte j'aurai égaré mon flacon.

LE DUC.

Mensonge ! erreur !

LE CHEVALIER.

Monsieur le magistrat, il n'y a qu'un instant, cet homme a dit qu'il allait représenter ce flacon ; il s'est levé pour cela, ne croyant pas qu'on l'accompagnerait : il ne pouvait aller le chercher que dans sa chambre à coucher, qui est là. (Il montre une porte.) Veuillez venir avec moi, et, j'en suis certain, nous retrouverons le flacon.

LE COMMISSAIRE.

Je vous suis, Monsieur. (Tous deux sortent.)

LA PRINCESSE, *avec horreur*.

Ah! du moins, ma pauvre fille sera vengée de ce monstre d'hypocrisie et de férocité!

IV

VI

VI

(Il se fait un moment de silence, pendant lequel M. de Beaupertuis semble en proie à une terrible perplexité. A chaque instant il essuie avec le revers de sa main la sueur froide dont son front est inondé; la princesse pleure. M. Bonaquet et le secrétaire général échangent à voix basse quelques paroles en observant le duc. Bientôt le chevalier rentre avec le magistrat. Celui-ci tient un flacon. Le duc est anéanti; il retombe pesamment sur son siége et cache son visage entre ses mains.)

LA PRINCESSE, *vivement au magistrat.*

C'est ce flacon-là! je le reconnais.

LE DOCTEUR, *l'examinant.*

Il reste quelques gouttes de liquide, en partie évaporé; mais je jure devant Dieu que c'est là de l'acide prussique, poison si violent, si subtil, que quelques gouttes mises sur les lèvres causent presque instantanément la mort!

LA PRINCESSE.

Oh! mon Dieu! mais j'y songe, tout s'éclaire à la fois... Ce monstre nous a répété, avec une insistance dont je suis maintenant frappée, que ma pauvre fille lui avait fait promettre que si elle mourait, les médecins ne profaneraient pas son corps, et qu'aussitôt après sa mort on la transporterait dans une de nos terres, à Nonancourt! Jamais de son vivant ma fille ne m'avait dit un mot de ces tristes et dernières volontés; cependant elles ont été remplies; M. de Saint-Merry s'est chargé de ce douloureux devoir; et il arrive ce matin même de l'Anjou.

BONAQUET.

Évidemment le but de ce mensonge était d'empêcher les investigations des médecins, rien n'étant plus facile à constater que l'absorption et les ravages d'un poison récent.

(M. de Beaupertuis ne répond rien; il reste immobile et la figure cachée; tout son corps est agité d'un tremblement convulsif.)

LE MAGISTRAT, *après avoir réuni les pièces de conviction et s'être entretenu avec le secrétaire général, s'adresse à M. de Beaupertuis.*

Monsieur (le duc tressaille), en présence des soupçons de plus en plus graves qui pèsent sur vous, et par suite de ces diverses révélations, je suis obligé de vous mettre à l'instant même en état d'arrestation. Si vous avez quelques dispositions à prendre, veuillez les prendre, je vous attends.

LA PRINCESSE, *levant les mains au ciel.*

Ah! Dieu est juste, ma pauvre fille sera vengée!

LE DUC.

(Il est resté jusqu'alors assis et sa tête cachée entre ses mains. Soudain il se lève et redresse la tête ; ses traits décomposés ont une expression hideuse de méchanceté désespérée. Un rictus sardonique laisse voir ses dents jaunes ; il éclate d'un rire féroce aux dernières paroles de la princesse.)

Ah! ah! ah! l'entendez-vous cette chère belle-mère? sa fille sera vengée! Ah! ah! ah! vengée, parce que, avec votre aide, tout m'accable, tout me confond ; parce qu'on me coupera le cou, comme on l'a déjà coupé à cette fille de chambre, n'est-ce pas

princesse, n'est-ce pas, chevalier? Eh bien!
pas du tout, c'est moi, entendez-vous? c'est
moi qui serai vengé de votre fille à tous
deux! Car c'est votre fille, et digne de sa
race...

LE CHEVALIER, *furieux, s'élance sur le duc.*

Misérable!

BONAQUET *contient le chevalier.*

Monsieur! ah! monsieur!

LE DUC, *montrant le chevalier et la princesse.*

Les voyez-vous ces niais, ces stupides, qui
m'envoient à la guillotine! (Riant.) Ah! ah!
Savez-vous ce que je ferai, moi, avant d'y
aller à la guillotine? Je couvrirai d'infamie
et dehonte la mémoire de la fille adultérine

du chevalier de Saint-Merry et de la princesse de Morsenne ; oui, voilà ce que vous aurez gagné. On s'apitoyait sur le sort de la pauvre duchesse de Beaupertuis ; eh bien ! l'on n'aura plus pour elle que mépris, dégoût et horreur ! Oui, réjouissez-vous, chantez votre triomphe, il est beau, car la mémoire de cette Messaline qui croyait dormir en paix dans sa tombe sera traînée dans la fange, que vous aurez remuée, chère belle-mère, cher beau-père *à la mode de Cythère*, comme disait ma femme !

BONAQUET, *à part.*

Il m'épouvante !

LA PRINCESSE, *au chevalier.*

Mais ce monstre tombe en démence.

LE CHEVALIER, *au magistrat.*

Monsieur, emmenez donc cet assassin.

LE DUC, *effrayant.*

Un instant, diable ! j'ai à parler. Ces messieurs sont ici pour m'entendre et recueillir mes paroles. Assassin, dites-vous ? Eh bien ! oui, assassin ! oui, j'ai empoisonné votre fille, chevalier. Pourquoi ? parce qu'elle allait la nuit, déguisée en grisette, courir les aventures !

LA PRINCESSE, *au chevalier.*

Qu'est-ce qu'il dit ? L'entendez-vous ? Son crime lui porte au cerveau !

LE DUC, *avec un rire affreux.*

Votre Messaline de fille ! mais vous devriez

me remercier à genoux d'avoir voulu enfouir dans le secret du sépulcre et sa honte, et la mienne, et la vôtre ! Vous ne savez donc pas ce qu'elle faisait, votre fille, depuis qu'elle occupait l'appartement de son père ? (Montrant le chevalier.) Pas celui-ci, l'*autre* qui est à Madrid. Eh bien ! presque tous les soirs, elle sortait déguisée et passait la nuit dehors. (Mouvement de stupeur et de dénégation de la princesse et du chevalier.) Il n'y a pas à dire non, je le sais, je l'ai vu ! Et comment, me direz-vous, ai-je été mis sur la voie de cette infamie ? Par un bruit qui, un instant, a couru. Un homme de notre société a cru reconnaître la duchesse dans un mauvais bal où il était allé par curiosité. (La princesse et le chevalier se regardent de nouveau frappés de stupeur.) Une fois sur la voie, j'ai suivi ma femme dans le monde ou ailleurs, et à force d'épier dans l'ombre j'ai tout découvert. Et vous croyez, vous, princesse, que parce qu'on est laid, ridicule et amateur de scarabées, l'on est ladre! Vous croyez, vous, que lorsque soi-même, déguisé avec une perruque noire, des lunettes vertes et le collet de son paletot sur le nez, on a vu, ce qui s'appelle vu, sa femme, en jupon court et en bonnet d'ouvrière, s'ébattre dans un bal de guinguette et s'en allant au bras de l'un de ses danseurs; vous croyez, vous, que ça vous rend la bile couleur de rose? (Gémissement douloureux de la princesse.) Et pourtant je n'avais pas plus de fiel qu'un pigeon, moi! Je vivais tranquillement, heureusement, avec mes insectes; ne faisant de mal à personne, ne gênant la liberté de per-

sonne, laissant ma femme maîtresse d'elle-
même, de ma fortune et de la sienne. Je ne
demandais qu'à vivre à ma guise, dans l'iso-
lement et dans l'étude. Osez donc dire que
pendant sept ans de mariage j'ai causé à
cette horrible femme, non pas le plus léger
chagrin, mais la moindre contrariété ! J'étais
pour elle comme si je n'avais pas existé. Je
ne me plaignais pas, je me trouvais heureux,
moi ! Mais l'on n'a pas voulu que cela dure ;
on m'a poussé à bout. On a tant fait, tant
fait, qu'on m'a rendu féroce. (La princesse,
à demi suffoquée, ferme les yeux ; le chevalier la soutient.) Dame ! c'est vrai aussi,
chère princesse ; avouez qu'en présence des
outrageants désordres de ma femme, tout
débonnaire amateur de scarabées que l'on
soit, on a pourtant un peu de sang dans les

veines, ce sang vous monte à la tête, alors on éprouve une rage féroce, mais l'on sait qu'éclater c'est se couvrir d'un ridicule infâme. Alors, que voulez-vous, vénérable belle-mère, on arrange sa petite vengeance de son mieux, à seule fin que tout se passe en silence et tranquillement; on profite du cauchemar d'une femme de chambre, ainsi que l'a parfaitement deviné M. le docteur, pour détourner les soupçons sur elle; puis, le jour de l'audience, notre amateur de scarabées trouve une excellente occasion d'en finir, comme l'a encore fort judicieusement deviné M. le docteur. Tout va donc pour le mieux : l'honneur de la famille est sauf; l'on n'a que des larmes pour la pauvre duchesse de Beaupertuis, pour sa famille, pour son mari; mais voilà que ma belle-mère vient

sottement aider à me convaincre du crime,
elle qui devrait me défendre à outrance,
pour notre honneur à tous. Soit, ce sera
d'un bel effet, ce scandale, mais vous l'aurez
voulu !... Sur ce, monsieur le commissaire,
je suis à vos ordres ; le temps seulement de
prendre quelques papiers.

LA PRINCESSE, *avec angoisse au magistrat.*

Monsieur, je vous en supplie, écoutez-moi :
ce que vient de dire ce malheureux est un
tissu d'horribles calomnies ; il est en démence. Mais si on l'arrête, il est assez scélérat pour répéter ces indignités : le monde
est si méchant qu'on le croirait. Jugez monsieur, quelle honte pour notre maison, et
surtout quel scandale pour la morale publique ! Aussi, monsieur, je vous en conjure, au

nom de l'honneur d'une famille, au nom de la mémoire de ma pauvre fille qui va être souillée par ces affreuses calomnies, abandonnez cet homme à ses remords ! Aujourd'hui même il quittera Paris, la France.

LE DUC, *riant.*

Ah ! ah ! ah ! voyez-vous, chère belle-mère, voilà déjà les regrets ! Ah ! ah ! je vous l'ai dit, vous pleurerez avec des larmes de sang votre stupidité.

LE MAGISTRAT, *à la princesse.*

Madame, il m'est impossible de ne pas mettre à l'instant M. de Beaupertuis en état d'arrestation.

LE CHEVALIER, *au magistrat.*

Monsieur, un mot, de grâce. Ma chaise de

poste est en bas, à l'instant, devant vous, j'y monte avec cet homme et nous partons pour la Belgique ; j'ai deux pistolets chargés dans ma voiture, je vous donne ma parole de gentilhomme que s'il tente de s'échapper je lui brûle la cervelle ; mais, pour l'honneur d'une famille dont le chef représente en ce moment la France à l'étranger, laissez-moi emmener cet homme. Je réponds de lui corps pour corps, et il quittera la France mort ou vif.

LE MAGISTRAT.

La justice, monsieur, une fois saisie, doit suivre son cours ; je déplore cruellement le scandale que causera cette malheureuse affaire, mais, encore une fois, je ne puis transiger avec mon devoir. (Au duc.) Monsieur, êtes-vous prêt ?

LE DUC.

A vos ordres, monsieur; mon valet de chambre m'apportera ce qu'il me faut en prison... Adieu, chère belle-mère; adieu, chevalier; je mourrai sur l'échafaud, mais vous mourrez de honte et de désespoir. Nous sommes quittes.

(Le duc sort avec le magistrat et les agents.)

VI

VI

Le prince royal, Anatole Ducormier, le colonel Butler et les autres personnes qui assistaient à la lecture de l'*Observateur des Tribunaux*, lors du compte rendu de la première séance du procès de Maria Fauveau, se trouvent réunis dans le salon du Pavillon de la Source.

Chaque matin, la même société, après avoir été prendre les eaux, s'est rassemblée pour entendre en commun la lecture du journal judiciaire, qui a continué, jour par jour, de rendre compte des assises, jusques et y compris la condamnation de Maria Fauveau à la peine de mort, comme empoisonneuse, et la condamnation de Clémence Duval aux travaux forcés à perpétuité, comme convaincue du crime d'infanticide (la question de complicité d'empoisonnement ayant été écartée.)

Tout le monde vient de s'asseoir ; le colonel Butler, placé derrière la table, ouvre l'*Observateur des Tribunaux* et lit ce qui suit :

EXÉCUTION DE MARIA FAUVEAU.

« Nous avons assisté ce matin à une scène indescriptible, et sous l'émotion de laquelle nous sommes en écrivant ces lignes...

« Afin d'accomplir jusqu'au bout la tâche que nous nous étions imposée, celle de faire pour ainsi dire assister nos lecteurs à toutes le péripéties et au dénouement du terrible drame qui vient de se dérouler devant la cour d'assises de la Seine, nous avons eu le courage de nous rendre ce matin, avant huit heures, à la barrière Saint-Jacques, afin d'assister à l'expiation du crime dont Maria Fauveau avait été accusée et convaincue.

« Nous avons annoncé à nos lecteurs, que la condamnée ayant refusé de se pourvoir en cassation, l'arrêt devait être exécuté aujourd'hui.

« Ce matin donc, à sept heures et demie du matin, nous nous trouvions à la barrière Saint-Jacques. Le temps était froid et humide ; une pluie fine tombait depuis le point du jour, et pourtant une foule considérable, attirée par le retentissement du procès, envahissait déjà les abords de la fatale machine. Disons-le avec regret, des dames, malgré l'heure matinale, étaient déjà établies à quelques fenêtres voisines de la place, et, munies de lorgnettes, attendaient l'arrivée de la condamnée.

« Après des peines infinies, nous sommes

parvenus à arriver jusqu'au premier rang des spectateurs rangés à peu de distance de l'échafaud. Nous avons remarqué que l'énormité de l'attentat excitait parmi les assistants une vive indignation, et nous craignions que des huées ou des cris menaçants de la foule ne vinssent ajouter encore à la terrible expiation que la condamnée allait subir.

« L'heure avançait ; bientôt huit heures sonnèrent à une église voisine, et pourtant le sinistre cortége n'arrivait pas.

« La justice est ordinairement si ponctuelle, que ce retard commençait à devenir le texte de mille commentaires, et, nous le disons avec chagrin, parmi les personnes dont nous étions entourés, beaucoup se montraient presque courroucées à la pensée que ce qu'ils regardaient comme un spectacle légitimement attendu allait leur manquer.

« Enfin, à huit heures un quart, une grande rumeur se fit d'un côté de la place, et ces mots circulèrent de bouche en bouche :

« — La voilà ! la voilà !

« En effet, une voiture cellulaire arrivait au grand trot, escortée d'un piquet de gendarmerie à cheval. Nous vîmes la voiture s'arrêter à quelques pas de nous ; mais avant que la condamnée en descendît, l'exécuteur et ses aides, sortant d'un fiacre qui les avait amenés, montèrent sur la plate-forme de l'échafaud, afin de s'occuper des derniers préparatifs, après quoi l'un des aides alla parler au greffier, resté auprès de la portière de la voiture de la condamnée. Le vénérable abbé Siroteau descendit le premier, et tendit sa main à Maria Fauveau ; celle-ci mit pied à terre d'un pas assez ferme ; mais comme elle avait les mains liées derrière le dos, le prêtre et l'exécuteur durent offrir leur soutien à la condamnée, pour l'aider à gravir les marches de l'échafaud et arriver sur la plate-forme.

« Maria Fauveau portait une robe brune et un petit châle bleu ; elle était nu-tête et d'une pâleur extrême ; son regard errait çà et là comme si elle eût été privée de raison ou de connaissance. Elle semblait ne plus obéir qu'à un mouvement automatique. Ses lèvres s'agitaient parfois, et à deux reprises elle baisa le crucifix que lui présenta le vénérable abbé Siroteau en lui disant ces paroles que nous avons entendues : « Ma sœur, « baisez l'image du Sauveur des hommes ; « cela vous donnera du courage. »

« Lorsque la condamnée eut monté sur la plate-forme, l'exécuteur lui enleva son petit châle, mit son cou bien à nu, et la fit approcher de la fatale planche dressée devant elle ; puis les aides y attachèrent Maria Fauveau en bouclant les courroies qui fixent le supplicié sur cette planche de sorte qu'il s'y trouve lié à plat ventre lorsqu'elle a basculé.

« De notre place, douloureux spectacle ! nous voyions alors au-dessus de cette planche rouge, à ce moment perpendiculairement dressée, nous voyions la tête livide, mais encore charmante, de Maria Fauveau encadrée dans l'échancrure demi-circulaire qui terminait la planche. Soudain cette planche bascula; déjà l'exécuteur portait la main au cordeau qui maintient le lourd couperet dans la rainure de l'échafaud, lorsque la foule reflua pour laisser place à un garde municipal accourant au galop et qui criait en agitant une dépêche au-dessus de son casque :

« — Arrêtez! arrêtez! suspendez l'exécution!

« Aussitôt le greffier s'élança sur la plateforme et dit à l'exécuteur, qui semblait indécis et tenait toujours à la main le cordeau du couperet :

« — Au nom de la loi, monsieur, suspendez l'exécution ; je vois là-bas une voiture arrivant à toute bride.

« L'exécuteur obéit à cet ordre ; la planche d'horizontale redevint perpendiculaire, et nous revîmes alors la figure de Maria Fauveau : ses yeux étaient à demi-clos ; elle semblait morte.

« — Mais détachez-la donc, monsieur ! — s'écria l'abbé Siroteau en s'adressant à l'exécuteur ; — vous voyez bien qu'elle se meurt !

« — Je ne reçois de commandement que de M. le greffier, — répondit sèchement l'exécuteur.

« Bientôt, grâce à l'intervention du magistrat, la condamnée fut détachée de la fatale machine et transportée sans connaissance dans la voiture qui l'avait amenée.

« A ce moment la foule reflua de nouveau devant une voiture dont les chevaux étaient blancs d'écume : à côté du cocher se trouvait un homme nu-tête, d'une pâleur extrême, et dont les traits exprimaient une violente anxiété. A peine la voiture fut-elle arrêtée près de la plate-forme, que d'un bond cet homme sauta du siége, et s'écria, parlant sans doute de la condamnée :

« — Où est-elle ? où est-elle ?

« — On l'a transportée dans la voiture, Monsieur ! — dit le greffier ; — elle est sans connaissance.

« Le personnage assis sur le siége de la

voiture, et que nous avons su plus tard être l'illustre docteur Bonaquet, courut à la voiture où se trouvait la condamnée. Pendant ce temps-là nous avons vu M. le secrétaire général du ministère de la justice descendre du coupé qui venait d'arriver, et s'approcher du greffier en lui disant :

« — Par ordre de M. le procureur général, l'exécution de l'arrêt est suspendue ; la condamnée sera reconduite dans sa prison.

« En effet, la voiture qui avait amené Maria Fauveau repartit avec son escorte, et bientôt la foule se retira en se livrant à mille conjectures sur la cause de la suspension de l'arrêt.

« S'agit-il de révélations tardives ou d'un supplément d'instruction ? Nous l'ignorons ; mais, après la scène à laquelle nous avons assisté, nous espérons, au nom de l'humanité, que, quels que soient les motifs de la suspension de l'exécution, la coupable aura suffisamment expié son crime par son horrible agonie.

« *Post-scriptum*. — Voici ce que nous avons appris dans la journée sur l'arrêt de surséance relatif à l'exécution de Maria Fauveau. M. le docteur Bonaquet, après un long entretien avec la condamnée, peu de temps avant qu'elle partît pour le lieu du supplice, avait acquis la conviction qu'elle était innocente ; mais le magistrat chargé de recevoir les révélations de la condamnée n'ayant pu tirer d'elle un seul mot à l'appui des assertions du docteur Bonaquet, car l'infortunée semblait paralysée par les approches de la mort, ce magistrat crut devoir faire passer outre à l'exécution, et la condamnée fut conduite au lieu du supplice. Le docteur Bonaquet, désespéré, courut au ministère de la justice, se rendit auprès du secrétaire général, et telle fut l'autorité de la conviction de l'illustre docteur au sujet de l'innocence de Maria Fauveau, que M. le secrétaire général prit sur lui de dépêcher à l'instant une estafette à toute bride, afin de faire surseoir à l'exécution, s'il en était temps encore.

« Il accourut lui-même, accompagné du docteur Bonaquet, sur le lieu du supplice. On sait le reste.

« Après avoir rempli ce premier devoir, M. le secrétaire général, le docteur Bonaquet et un commissaire de police, assistés de plusieurs agents, se rendirent à l'hôtel de Morsenne, chez M. le duc de Beaupertuis, pour s'y livrer à une nouvelle instruction de cette terrible affaire. Nous n'osons encore reproduire les bruits étranges qui courent en ce moment sur le résultat de cette démarche.

« *Onze heures du soir.* — Nous apprenons, de source certaine, une nouvelle qui nous frappe de stupeur et d'épouvante. M. le duc de Beaupertuis a été arrêté aujourd'hui à son domicile. Il est accusé d'être le seul auteur de l'empoisonnement auquel sa femme a succombé. On dit qu'il a fait des aveux complets; on parle de détails horribles et des révélations les plus douloureusement scandaleuses.

« Ainsi, Maria Fauveau était innocente.

« Ah! l'on reste épouvanté, quand on songe aux égarements possibles de la justice des hommes.

« A demain de nouveaux détails.

« *Minuit un quart.* — Au moment de mettre sous presse, nous apprenons que M. le duc de Beaupertuis s'est pendu dans sa prison : tous les moyens employés pour le rappeler à la vie ont été impuissants. »

Le post-scriptum de l'*Observateur des Tribunaux,* lu par le colonel Butler, a été écouté avec une surprise inexprimable et un profond saisissement qui règne encore parmi les auditeurs quelques instants après que le colonel Butler eut terminé sa lecture.

LE PRINCE ROYAL.

Maria Fauveau...., innocente!.... Ah! ce journal a raison; c'est à frémir d'épouvante quand on songe aux erreurs possibles de la justice humaine.

LA DUCHESSE DE SPINOLA.

Innocente! malgré les preuves trouvées contre elle?

LA PRINCESSE DE LOWESTEIN.

Innocente! malgré ses aveux? On le dit, il faut le croire.

L'AMIRAL SIR CHARLES HUMPHREY.

Eh bien! Monseigneur, avais-je tort quand je disais : Cette malheureuse femme est innocente ou folle?...

LE PRINCE ROYAL.

Vous aviez raison, monsieur l'amiral, votre instinct de justice était plus certain que le nôtre. (A Ducormier.) Eh bien! mon pauvre comte, qu'en dites-vous?

DUCORMIER.

Il est toujours heureux, Monseigneur, de voir un innocent échapper à une juste punition.

LE PRINCE ROYAL.

Et ce duc de Beaupertuis! quel monstre

d'hypocrisie! lui qui à l'audience pleurait toujours et semblait entourer sa femme des soins les plus tendres!

LA PRINCESSE DE LOWESTEIN.

Il est du reste fort heureux qu'il se soit fait justice lui-même.

LE PRINCE ROYAL, *bas à madame Ducormier*.

Ce pauvre comte! il est accablé. Je n'espère pas le consoler d'un si terrible malheur. Cependant j'ai à lui apprendre... (Il se tait.)

LA COMTESSE DUCORMIER.

Votre Altesse Royale n'achève pas.

LE PRINCE ROYAL, *d'un air bienveillant et mystérieux.*

Non, je veux laisser à ce cher comte le plaisir de vous apprendre, Madame, ce dont je vais l'instruire. (Le prince se rapproche du cercle formé autour de Ducormier.)

LA DUCHESSE DE SPINOLA, *à Ducormier.*

En vérité, quoi qu'en dise ce journal, j'ai de la peine à croire M. de Beaupertuis coupable, surtout lorsque je me rappelle ce que vous nous disiez de lui, monsieur le comte : vous nous parliez toujours de ses goûts simples, studieux, qui lui faisaient rechercher une solitude tout occupée de science.

DUCORMIER.

Que vous dirai-je, madame la duchesse? mon erreur a été partagée par tant de gens honorables, qu'il faut me la pardonner ; et d'ailleurs, à l'époque où j'ai eu l'honneur de connaître M. le duc de Beaupertuis, rien ne faisait soupçonner, ni dans sa conduite ni dans ses excellents rapports avec sa malheureuse femme, qu'il dût un jour s'égarer à ce point... s'il l'a commis, ce crime... car nous venons de voir, par l'exemple même de Maria Fauveau, combien est incertaine la justice des hommes.

L'AMIRAL SIR CHARLES HUMPHREY.

Douteriez-vous du crime de M. de Beaupertuis, monsieur le comte ? Et ses aveux ?

DUCORMIER.

Eh! mon Dieu! monsieur l'amiral, j'aime toujours à douter du mal; et puis, enfin, Maria Fauveau avait aussi fait des aveux, et cependant, maintenant, son innocence est reconnue. Je ne veux certes pas atténuer l'horreur du crime de M. de Beaupertuis, car ce crime est un nouveau et terrible coup pour mon vénérable protecteur M. le prince de Morsenne.

LE PRINCE ROYAL.

Ah! cher comte... je crains que votre généreux et tendre attachement pour cette malheureuse famille ne soit encore exposé à de cruelles épreuves...

DUCORMIER, *avec abattement.*

Je le crains, Monseigneur.

(Pendant que la conversation continue dans une partie du salon, le prince royal prend le bras de Ducormier et l'emmène près d'une fenêtre.)

LE PRINCE ROYAL, *à demi voix à Ducormier.*

Allons, pauvre cher comte, du courage ; nous tâcherons de vous consoler; oui, car maintenant je suis à peu près certain de vous voir accréditer près de notre cour.

ANATOLE.

Que dites-vous, Monseigneur !

LE PRINCE.

Ce matin, au moment de me rendre à la

Source, j'ai reçu une longue dépêche du baron de Sublow. Les renseignements si précieux sur l'affaire du duché de Schleswig, que vous avez obtenus de la comtesse Mimeska depuis l'arrivée de M. de Herder à Bade, ont fait merveille. Le roi mon frère a écrit directement au roi votre maître, pour lui demander en grâce de vous accréditer près de nous.

DUCORMIER, *enivré d'orgueil.*

Ah! Monseigneur, pourquoi ne puis-je être tout entier au bonheur, au ravissement que me cause une faveur si inespérée!

A ce moment, la porte du salon s'ouvre violemment.

Toutes les personnes de la réunion se retournent avec surprise et voient entrer un homme de haute stature, à la tournure militaire, au teint basané, aux longues moustaches grises. Il porte une redingote bleue couverte de poussière. La figure de cet étranger est sinistre.

Un moment il s'arrête au seuil de la porte, comme pour calmer l'émotion qui l'agite; puis, s'avançant d'un pas et interrogeant l'assemblée d'un regard sombre, il s'écrie d'une voix sourde et menaçante :

— Monsieur Ducormier est ici, je le sais !... Qu'il se montre !...

VII

VII

L'accent et la physionomie de l'étranger qui se présente au salon du pavillon de la Source sont tellement sinistres, menaçants, qu'un moment de profond silence et de stupeur succède à l'arrivée de ce personnage. Ducormier, saisi d'une épouvante involontaire, quoiqu'il ne connaisse pas cet étranger, Ducormier sent la voix lui manquer en voyant tous les assistants attacher leurs regards sur lui, en attendant sa réponse à l'interpellation qui vient de lui être faite.

L'ÉTRANGER, *avançant d'un pas, et d'une voix forte.*

Monsieur Ducormier est ici! Se montrera-t-il enfin!

LE COLONEL BUTLER, *allant vivement à l'étranger, et à demi voix.*

Monsieur, ce salon est à peu près public; cependant je dois vous apprendre que Son Altesse le prince royal est ici, et que les convenances...

L'ÉTRANGER, *brusquement.*

Monsieur, je ne demande pas le prince

royal : je demande M. Ducormier. Où est-il ?

DUCORMIER, *s'avançant.*

C'est moi, Monsieur.

L'ÉTRANGER, *d'une voix sourde, terrible.*

Moi, je suis le père de Clémence Duval !

Ducormier, la figure bouleversée, se rejette vivement en arrière ; il est terrifié, la sueur coule de son front. Tout le monde se lève spontanément ; on pressent quelque explication redoutable. Le prince royal, ne soupçonnant rien encore, car de sa place il n'a pu entendre les paroles du colonel Duval, se rapproche vivement d'Anatole, comme pour le couvrir de sa protection. Madame Ducormier, dont l'étonnement et l'anxiété sont à leur comble, va se placer aussi à côté de son mari. Celui-ci laisse tomber sa tête sur sa poitrine et semble un moment anéanti.

LE COLONEL DUVAL, *saisissant Ducormier avec fureur.*

Mais regarde-moi donc en face, misérable !

LE PRINCE ROYAL, *intervenant.*

Monsieur, je ne sais qui vous êtes ; mais moi, comme homme et non comme prince, je vous déclare que je ne souffrirai pas que l'on traite ainsi M. le comte Ducormier, un homme que j'estime et que j'affectionne.

LE COLONEL DUVAL, *après un moment de silence.*

Au fait, cela peut être, cela doit être. L'hypocrisie de ce monstre égale sa scélératesse. Mais à cette heure, à bas le masque! (Au prince et d'une voix contenue). Vous me demandez qui je suis, prince? Je suis le père d'une jeune fille que j'avais laissée pure comme un ange! (Avec effort.) Elle vient d'être condamnée aux travaux forcés pour avoir tué son enfant!

LE PRINCE ROYAL, *avec un accent de surprise et de commisération.*

Grand Dieu! monsieur, vous seriez le colonel Duval!

(Mouvement prolongé d'étonnement et de pitié. Ducormier semble reprendre ses esprits, et, quoique toujours pâle, il revient peu à peu à son caractère d'assurance habituelle.)

LE COLONEL DUVAL, *au prince royal*.

Oui, je suis le colonel Duval.

LE PRINCE ROYAL.

Le père de cette malheureuse Clémence! (D'un ton pénétré.) Ah! Monsieur, tout à l'heure encore nous déplorions une si grande infortune!

LE COLONEL DUVAL, *avec amertume*.

Ah! vous aussi, vous l'avez lu, et l'Europe aussi l'a lu, ce procès où le nom de ma fille est voué à l'infamie! Et moi aussi, je l'ai lu, ce procès! Oui, par hasard... il y a six jours, à Marseille, dans un journal, j'ai lu cela, en débarquant d'Afrique, d'où j'arrivais après mille hasards pour embrasser ma femme et mon enfant, et... (Avec un sanglot de douleur et de rage en montrant Ducormier) et l'on sait ce que cet homme en avait fait, de ma fille !

(Nouveau mouvement de stupeur. Le prince royal, qui se trouvait auprès d'Anatole, se recule involontairement et le regarde, partagé entre le doute et l'horreur.)

LE PRINCE ROYAL, *d'une voix altérée, au colonel Duval.*

Monsieur, vos paroles sont graves ! Vous dites, vous affirmez que...

LE COLONEL DUVAL, *éclatant.*

Je dis qu'abusée par cet infâme hypocrite, ma femme l'avait, en mourant, fiancé à ma malheureuse enfant, alors pure, confiante, sans défense. Que voulez-vous! dix-sept ans, orpheline, seule au monde, elle n'a pu résister... (Silence entrecoupé de sanglots.) Et puis après est venu l'abandon, la honte, la misère!... la misère si affreuse, qu'on aime mieux se tuer, soi et son enfant, que de la supporter! (Sanglots.) Mais la mort n'a pas voulu de ma fille! Alors ça été l'infamie! Traînée à l'audience, son déshonneur affiché à la face de tous, sa pauvre chère figure livrée aux regards de cette foule avide! elle! elle! ma Clémence!... Si vous la connaissiez, vous comprendriez les tortures qu'elle a endurées! (Sanglots déchirants.) Mon Dieu! mon Dieu! cet homme, je viens le tuer, mais je ne le tuerai qu'une fois! et ma fille a souffert mille morts!

LE PRINCE ROYAL, *à Ducormier, avec surprise et indignation.*

Quoi! pas un mot, monsieur! pas un mot à ce père au désespoir?

DUCORMIER, *redevenu impassible.*

Monseigneur, il faut tout pardonner à une si respectable douleur.

LE PRINCE ROYAL, *avec dégoût et horreur.*

Ainsi, cet infâme séducteur dont la barbarie, la lâcheté, me révoltaient, c'était vous, monsieur! vous, vous, qui applaudissiez à mes paroles indignées! Ainsi, moi, et tant de personnes honorables, nous étions vos jouets!

(Le vide se fait autour d'Anatole; on s'éloigne de lui avec mépris; la comtesse Ducormier paraît près de défaillir; l'indignation éclate en murmures contre Anatole.)

DUCORMIER, *avec audace et hauteur.*

Monseigneur, la conduite privée de M. Ducormier peut être diversement interprétée ou même calomniée, mais le caractère officiel de M. le comte Ducormier, ministre de France près la cour de Bade, doit être et sera respecté de tous. M. le ministre de France ne reconnaît à personne le droit de l'incriminer ici; il ne doit compte de ses actes qu'à son gouvernement. (A Madame Ducormier.) Venez, madame! (Il se prépare à sortir.)

LE COLONEL DUVAL, *se plaçant devant la porte.*

Oh! ce n'est pas tout! Je te tuerai, misérable! Mais je veux que tu meures chargé de l'exécration de tous ceux que ton inferfernale hypocrisie a encore abusés ici! Il faut qu'on sache ce que tu es! Je l'ai dit : A bas le masque!

DUCORMIER, *au colonel Duval.*

Monsieur, prenez garde! je suis revêtu d'un caractère inviolable. Si vous me refusez la sortie de cette salle, je protesterai contre cette violence auprès de S. A. S. monseigneur le grand-duc, et il saura me défendre contre toute espèce de provocation, moi, ministre accrédité près de Son Altesse Sérénissime par le roi mon maître.

LE PRINCE ROYAL.

Quelle audace!... (Au colonel Duval.)

Monsieur, vous venez vous battre contre M. Ducormier : faites-moi l'honneur de m'accepter comme témoin, ainsi que le colonel Butler, un brave soldat. Je vous couvrirai ainsi contre les suites de ce duel.

LE COLONEL DUVAL.

Prince, j'accepte. Je ne connais personne ici. Je comptais prendre pour témoins les deux premiers soldats venus.

LA COMTESSE DUCORMIER, *bas et avec un morne désespoir*.

Perdu... notre avenir perdu ! au moment où il n'avait jamais été plus radieux ! Honte et humiliation sur nous !

DUCORMIER, *au colonel Duval.*

Monsieur, une dernière fois, livrez-moi passage !

LE COLONEL DUVAL, *toujours devant la porte et les bras croisés.*

Plus tard !

DUCORMIER, *s'asseyant impassible.*

Je proteste, sous toutes réserves.

LE COLONEL DUVAL, *d'une voix brève.*

Il faut que justice soit faite ! En vengeant ma fille, je vengerai deux autres victimes de cet hypocrite scélérat, la duchesse de Beaupertuis, Maria Fauveau.

(Mouvement général de surprise et d'anxiété.)

LE PRINCE ROYAL.

Que dites-vous, colonel ?

LE COLONEL DUVAL.

Tout le monde a lu la déclaration de cet homme en faveur du prince de Morsenne.

LE PRINCE ROYAL.

Oui, pour le défendre contre les calomnies de Maria Fauveau ; cette déclaration a été écrite ici devant moi.

LE COLONEL DUVAL, *montrant Ducormier.*

Cet homme, d'abord secrétaire du prince de Morsenne, a profité de cette position pour séduire et perdre madame de Beaupertuis, puis il a accepté du prince l'offre d'être son entremetteur auprès de Maria Fauveau.

LE PRINCE ROYAL, *joignant les mains*.

Quel abîme d'infamies !

LE COLONEL DUVAL.

Heureusement la vertu de cette jeune femme l'a sauvegardée : elle est restée pure. Maintenant comment M. de Morsenne a-t-il au contraire concouru à la scandaleuse fortune du séducteur de sa fille ? C'est un de ces mystères d'ignominie impénétrables aux honnêtes gens. La tombe a ses secrets. Ma malheureuse enfant s'est rencontrée avec Maria Fauveau, et a su d'elle que la mort affreuse de madame de Beaupertuis a été presque le bonheur, la délivrance, auprès de la vie que lui avait faite l'horrible perversité ce de misérable Ducormier. Il m'entend, il me comprend : qu'il me démente, s'il l'ose !

(Ducormier est très pâle, mais il reste impassible, et brave avec une froide audace le dégoût, le mépris et l'aversion qu'il soulève. La comtesse Ducormier est sombre et paraît réfléchir. Le colonel Duval, attachant un regard farouche sur Anatole, jouit de l'éclatante dégradation du séducteur de Clémence.)

LE PRINCE ROYAL, *avec effort et comme s'il pouvait à peine en croire ses yeux et ses oreilles.*

Non ! non ! quand on se rappelle l'attitude

de sa physionomie, les paroles de ce Ducormier, lorsqu'il assistait ici, comme nous, chaque jour, aux diverses phases de ce lamentable procès, où figuraient ces trois infortunées perdues par lui, perdues pour lui, ou se demande si l'on rêve, on recule avec épouvante devant cet abîme de corruption, d'hypocrisie et de scélératesse ! (Au colonel Duval.) Ah ! monsieur, il faut nous pardonner d'avoir été trompés. Il est des monstruosités que l'âme ne soupçonne même pas dans ses plus mauvais jours de doute et de misanthropie.

LA COMTESSE DUCORMIER.

J'ai la douleur de porter le nom de cet homme. (Elle indique Ducormier d'un geste écrasant.) Je serai solidaire de sa honte, cela doit être. Pourtant, par le Dieu qui me voit et m'entend, je m'accuse d'avoir épousé cet homme, non par amour, mais parce que je le croyais fait pour satisfaire mon ambitieux orgueil ; mais que mon âme soit à jamais maudite si je le soupçonnais capable des crimes que j'apprends aujourd'hui ! (Tirant de son doigt son anneau de mariage et le foulant aux pieds avec dédain.) Tous nos liens sont brisés comme je brise cet anneau, et maintenant, malheur à moi ! un nom déshonoré, abhorré, pèsera sur ma vie entière !

LE PRINCE DE LOWESTEIN, *à Ducormier*.

Monsieur, j'ai l'honneur d'être président du cercle des étrangers réunis à Bade ; vous êtes membre de ce cercle ; je vous déclare exclu de cette réunion comme indigne et comme infâme !

Les assistants répètent avec énergie : — Oui, chassé ! comme indigne et comme infâme ! (Tous sortent, moins Ducormier, le colonel Duval, le prince royal et le colonel Butler.)

LE COLONEL DUVAL, *à Anatole*.

A cette heure, la porte vous est ouverte ; nous sortirons ensemble : j'ai des armes dans ma voiture. (Au prince royal.) Prince, je suis à vos ordres ; vous avez bien voulu me promettre de me servir de témoin...

LE PRINCE ROYAL.

Monsieur le colonel, je m'en fais un devoir

et un honneur. (Au colonel Butler.) Venez, Butler.

LE COLONEL DUVAL, *à Ducormier*.

Nous prendrons vos témoins en passant. (Avec une ironie amère.) Un homme comme vous ne doit pas manquer d'amis. Allons, sortons.

DUCORMIER, *très froid*.

Monsieur, il se peut que je consente à me battre avec vous, mais il se peut que je n'y consente pas.

LE COLONEL DUVAL.

Je comprends. Défaite d'un lâche hypocrite! Vous craignez, allez-vous me dire, de me tuer et que ma fille reste orpheline?

N'ayez pas cette crainte; je suis l'offensé, nous nous battrons à cinq pas, je tirerai le premier, c'est mon droit, et je vous tuerai. C'est pour cela que je suis venu. Allons, marchons. Sinon...

DUCORMIER, *froidement.*

Que ferez-vous?

LE COLONEL DUVAL, *avec un geste de menace.*

Je te...

DUCORMIER.

Vous me frapperez ou vous me tuerez, n'est-ce pas? Allons donc, vous n'assassinerez pas un homme sans défense, et si vous me frappez, je respecterai votre âge. Croyez-moi donc, monsieur le colonel, pour le bon succès même de votre vengeance, attendez à ce soir.

LE COLONEL DUVAL, *avec une sombre ironie.*

Attendre?

DUCORMIER.

Eh! mon Dieu! monsieur, vous êtes impatient de me tuer, je conçois cela. Ma conduite envers votre fille...

LE COLONEL DUVAL, *furieux.*

Taisez-vous! oh! taisez-vous!

(A ce moment le docteur Bonaquet paraît à la porte. A l'aspect du colonel Duval, il s'arrête immobile au seuil, et écoute la suite de l'entretien.)

DUCORMIER.

Ma conduite ne mérite ni merci ni pitié, je le sais, monsieur ; je pourrais dire que je n'ai pas réfléchi aux conséquences douloureuses de ma méchante action ; mais je ne m'excuse pas, je ne me défends pas. Votre droit de vengeance est sacré, je m'incline, et quand vous me tiendrez au bout de votre pistolet, monsieur, vous verrez que je ne pâlis pas devant la mort.

LE COLONEL DUVAL.

Mensonge, défaite, hypocrisie, lâcheté, que tout cela ! Tu veux m'échapper ! (Le saisissant.) Tu ne m'échapperas pas !

BONAQUET, *s'avançant et s'adressant au colonel.*

Non, colonel, il ne vous échappera pas.

LE COLONEL DUVAL, *surpris.*

Vous ici, docteur ?

DUCORMIER, *stupéfait.*

Jérôme !

(Le prince royal et le colonel Butler se tiennent à l'écart.)

BONAQUET, *au colonel Duval.*

Colonel, vous veniez de quitter mademoiselle Clémence, lorsque j'ai été assez heureux pour lui apporter sa grâce pleine et entière. Cette grâce, on l'accorde à ses malheurs, et à vos éclatants services, colonel. A cette heure, votre pauvre enfant est auprès de ma femme.

LE COLONEL DUVAL, *serrant les mains de Bonaquet.*

Sa grâce! sa grâce! ce mot devrait calmer mon désespoir; mais, hélas! on ne gracie que les criminels... et ce souvenir... (A Anatole, avec rage.) A l'instant! à l'instant!

BONAQUET, *au colonel Duval.*

Un mot seulement, colonel; j'ai appris par votre fille votre départ pour Bade. J'ai deviné le motif qui vous amène ici, je suis venu, et (Montrant Ducormier) je vous jure qu'il ne vous échappera pas; je vous réponds de lui corps pour corps. Ce n'est pas à sa parole que je vous demande de vous fier, colonel, c'est à la mienne, et, vous le savez, on peut y croire; d'ici à demain je ne le quitterai pas d'une seconde; demain matin je vous l'amènerai (Avec effort); oui, je serai son témoin! D'ici là, il m'appartient, car moi aussi j'ai de terribles comptes à lui demander.

LE COLONEL DUVAL, *après un long silence*.

Docteur, je sais ce que vous avez fait pour ma femme et pour ma fille, en des temps plus heureux. Je vous accorde ce que je n'aurais accordé à personne ; j'ai foi dans votre parole : vous me jurez de ne pas quitter cet homme d'ici à demain ?

BONAQUET.

Je vous le jure.

LE COLONEL DUVAL.

A demain donc ! C'est long, mais enfin !

(Au prince royal.) Prince, c'est pour demain.

BONAQUET, *à Anatole.*

Et d'ici à demain, je ne vous quitte pas, entendez-vous?

DUCORMIER, *à Bonaquet.*

J'y consens, monsieur, je n'ai nulle envie, ni sujet de fuir, croyez-le bien. (Tous sortent.)

VIII

VIII

(Cette scène se passe dans un cabinet de travail au premier étage, dans l'hôtel d'A- natole Ducormier; ameublement en chêne sculpté, dans le goût de la Renaissance; au plafond un lustre flamand, en cuivre rouge, est suspendu par une forte chaîne; rideaux et portières de brocatelle; une seule porte au fond, fenêtres donnant sur les jardins. La nuit approche ; Jérôme Bonaquet est assis, son front appuyé sur une de ses mains. Ducormier finit d'écrire plusieurs lettres qui sont rangées sur son bureau ; il sonne. Entre un huissier vêtu de noir, portant au cou une chaîne d'argent.)

DUCORMIER, *à l'huissier*.

Envoyez-moi un valet de pied et priez M. de Maisonfort de monter ici.

L'HUISSIER.

Oui, monsieur le comte. (Il va pour sortir.)

DUCORMIER, *à l'huissier qui revient.*

Ah! j'oubliais. Vous allez donner l'ordre à mon chef d'écurie de faire atteler mon coupé de cérémonie en équipage de gala; mon premier cocher sur le siége, et derrière deux valets de pied en grande livrée avec mon chasseur.

L'HUISSIER, *s'inclinant.*

Oui, monsieur le comte. (Il sort.)

(Ducormier, pâle et sombre, met plusieurs papiers en ordre sans échanger un mot avec Bonaquet; de temps à autre un sourire amer contracte les traits d'Anatole; tout dans sa physionomie révèle un morne et profond désespoir. A ce moment paraît un valet de pied, puis plus tard M. de Maisonfort, premier secrétaire de la légation de France à Bade.)

DUCORMIER, *au valet de pied.*

Cette lettre au couvent de Sainte-Ursule ; on y trouvera madame la comtesse.

LE VALET DE PIED.

Oui, monsieur le comte.

DUCORMIER.

Cette lettre, pour M. Hermann Forster,

mon banquier ; vous savez où il demeure ?

LE VALET DE PIED.

Place Neuve, monsieur le comte.

DUCORMIER.

Cette lettre pour madame la comtesse Mimeska, à l'hôtel des Bains ; il n'y a pas de réponse. Allez !

(Le valet de pied sort, et au même instant on voit entrer le secrétaire de légation.)

DUCORMIER, *au secrétaire*.

Monsieur de Maisonfort, vous allez, je

vous prie, vous mettre en uniforme, monter dans ma voiture, vous rendre au palais ducal, et remettre à S. A. S. monseigneur le grand-duc cette lettre de ma part.

M. DE MAISONFORT.

Oui, monsieur le comte.

DUCORMIER.

Y a-t-il des courriers de retour à l'hôtel ?

M. DE MAISONFORT.

Julien est revenu ce matin de Paris, monsieur le comte, et Dupont est arrivé hier soir de Francfort.

DUCORMIER.

Dupont partira dans deux heures pour Paris, avec cette dépêche pour M. le ministre des affaires étrangères.

M. DE MAISONFORT.

Parfaitement, monsieur le comte.

DUCORMIER.

Ce mot... est pour l'autre courrier... pour Julien... veuillez le lui faire remettre à l'instant, avec cette dépêche; il se conformera à mes ordres. Nous devions aller ce soir chez M. le ministre de Russie : vous irez seul ;

vous voudrez bien m'excuser auprès de son Excellence.

M. DE MAISONFORT.

Je ne manquerai, monsieur le comte, à aucune de vos recommandations ; mais dans le cas où monseigneur le grand-duc ne serait pas de retour au palais lorsque j'y arriverai, dois-je attendre S. A. S. pour lui remettre cette dépêche ?

DUCORMIER.

Certainement, je désire que vous la remettiez au grand-duc lui-même.

M. DE MAISONFORT.

Reviendrai-je aussitôt vous rendre compte de ma mission, monsieur le comte?

DUCORMIER.

Non, je vous serai obligé d'attendre que je vous fasse mander. (Montrant Bonaquet avec une expression de déférence.) J'ai à conférer longuement avec Monsieur... je désire n'être pas dérangé; veuillez dire à l'huissier de service que je ne veux être interrompu sous aucun prétexte. A bientôt, monsieur. (M. de Maisonfort salue et sort.)

(Ducormier a donné les ordres précédents d'une voix brève, contenue, et d'un air impassible; mais lorsqu'il se retrouve seul avec Bonaquet, qui, de temps à autre le regarde, ses traits expriment un abattement profond; il tombe comme anéanti sur un fauteuil en faisant un geste qui semble dire : Tout est accompli ; plus d'espoir !)

BONAQUET.

N'avez-vous pas d'autres ordres à donner? avez-vous fini? (Ducormier, absorbé, le regarde d'un œil fixe et ne répond rien. Le docteur se lève, s'approche de lui et répète d'une voix plus haute) : — Je vous demande si vous avez fini? (Silence).

DUCORMIER, *tressaillant et comme en sursaut.*

Oui, j'ai fini (Avec un sourire sinistre); oui, tout est fini. (Silence.) Pardon de n'avoir pas échangé un seul mot avec vous depuis notre arrivée ici ; mais...

BONAQUET.

Cela ne me surprend pas : vous aviez diverses lettres à écrire, plusieurs dispositions à prendre ; nous avons remis notre entretien jusqu'après l'accomplissement de ces actes. Ainsi c'est tout ?

DUCORMIER, *avec effort.*

C'est tout.

BONAQUET.

Nous ne serons pas dérangés ?

DUCORMIER.

Je viens de défendre absolument ma porte.

(Long silence. Bonaquet semble recueillir ses pensées. La physionomie de Ducormier devient de plus en plus sombre.)

BONAQUET.

En donnant ma parole au colonel que je ne vous quitterais pas d'une seconde jusqu'à demain, j'étais certain d'avance d'accomplir ma promesse ; car je vous l'ai dit en venant ici : Dans le cas d'un refus de votre part, je...

DUCORMIER.

Ne revenons pas là-dessus. J'ai spontanément consenti à votre proposition ; je n'avais, je vous le répète, ni envie ni sujet de fuir.

BONAQUET.

Savez-vous pourquoi je suis venu ici sur les pas du colonel Duval?

DUCORMIER.

Pour régler un terrible compte avec moi, avez-vous dit.

BONAQUET, *amèrement*.

Le temps n'est plus où je vous croyais digne d'entendre les sévères reproches de l'amitié.

DUCORMIER.

Ne parlons pas de notre passé, cela me fait mal.

BONAQUET, *d'un ton glacial*.

Dieu me garde d'y songer; parlons du présent. Je suis venu ici au nom de Clémence Duval.

DUCORMIER, *surpris*.

De la part de Clémence Duval!

BONAQUET.

Son père ne lui a pas caché qu'il venait ici pour se battre avec vous, et...

DUCORMIER, *vivement*.

Pas un mot de plus. (Allant à son bureau, il y prend une des lettres qu'il vient d'écrire, et la remettant à Bonaquet):

BONAQUET.

Une lettre pour Clémence Duval!

DUCORMIER.

Oui, décachetez-la et lisez.

BONAQUET.

Soit... (Il la décachète.)

DUCORMIER.

Je vous prends à témoin que depuis que nous avons quitté le colonel Duval, pas un mot n'a été échangé entre nous, ni, sur lui ni sur sa fille.

BONAQUET.

C'est vrai.

DUCORMIER.

Maintenant, lisez cette lettre.

(Bonaquet lit ; bientôt il tressaille, pâlit, jette un regard indescriptible sur Ducormier, et laisse tomber sur ses genoux ses deux mains qui tiennent la lettre; pendant ce long silence, la physionomie du docteur trahit de vives et profondes angoisses ; après avoir plusieurs fois levé les yeux au ciel, il continue sa lecture.

Ducormier semble de plus en plus abattu; bientôt un effrayant sourire contracte ses lèvres, puis il fait un brusque mouvement, comme quelqu'un qui vient de prendre une résolution suprême, il passe la main sur son front, écrit rapidement deux lignes qu'il met en évidence sur son bureau, et jette ensuite les yeux autour de lui comme s'il cherchait quelque chose; Bonaquet a terminé la lecture de la lettre, il relève les yeux et suit avec une surprise et une anxiété croissante les divers mouvements d'Anatole. Celui-ci, après quelques instants de réflexion, prend une chaise, la porte au milieu du cabinet, monte sur ce siége, et décroche de la chaîne de cuivre où il est suspendu, le lustre flamand; cette forte chaîne est terminée par un large anneau; Ducormier saisit cette chaîne d'une main vigoureuse, fait tomber d'un coup de pied la chaise sur laquelle il était monté, reste quelques secondes suspendu à la chaîne de cuivre, puis il se laisse tomber à terre.)

DUCORMIER, *d'une voix sourde.*

Bien !... mais ce n'est pas tout.

BONAQUET *a suivi les divers mouvements d'Anatole avec une surprise croissante.*

Est-ce qu'il devient fou ?

(Ducormier, après avoir de nouveau jeté les yeux autour de lui, arrête ses regards sur les rideaux d'une des croisées ; il prend l'une de leurs longues embrasses formées d'un gros cordon de soie. Ducormier dispose en nœud coulant une des extrémités de cette corde de soie, revient au milieu du cabinet, relève la chaise, y remonte, et attache solidement à l'anneau de la chaîne de cuivre l'autre bout du lacet fatal.)

BONAQUET, *mettant sa main sur ses yeux et avec un cri terrible :*

Ah!... (Puis il court à Anatole et, le forçant à descendre de sa chaise) Malheureux!

DUCORMIER, *lui montrant la lettre tombée aux pieds du docteur.*

Cette lettre, vous ne l'avez donc pas lue?

BONAQUET, *épouvanté.*

Si, si, mais...

DUCORMIER.

J'accomplirai la promesse que j'ai faite à Clémence. Son père ne reviendra pas près d'elle couvert de mon sang! que vous faut-il de plus? (Avec un sourire affreux.) Je ne savais quelle mort choisir. La fin de M. de Beaupertuis dans sa prison a décidé mon choix.

BONAQUET.

Ah! mon Dieu! (Avec un accent déchirant) je l'ai aimé comme un frère, pourtant! et le voir... (Cachant sa figure dans ses mains.) Ah! c'en est trop!

DUCORMIER, *se jetant au cou de Bonaquet.*

Tu m'as aimé comme un frère, Jérôme ? répète ces mots-là, et je mourrai content.

BONAQUET, *le repoussant.*

Laisse-moi ! laisse-moi !

DUCORMIER, *avec un sourire navrant.*

Dieu est juste ! cet adieu suprême, je ne le mérite même pas. Ton amitié sainte, ô Jérôme ! je l'ai insultée, reniée ; à mon heure dernière tu me repousses, Dieu est juste !

BONAQUET, *un moment apitoyé malgré lui, reprend avec une explosion d'indignation :*

Oui, je te repousse avec aversion, avec horreur! Oui, Dieu est juste, car il te frappe au comble de cette fortune où tu étais arrivé en employant au crime les dons sacrés que le Créateur t'avait dispensés... Oui, Dieu est juste, car il t'écrase dans ton hypocrisie comme le serpent dans son venin... Oui, Dieu est juste, car tu vas mourir, accablé des malédictions d'un homme de bien, qui autrefois eût donné sa vie pour la tienne, et qui rougit du sentiment de pitié qu'il a ressenti tout à l'heure!... Va, meurs! meurs donc! et maudit sois-tu pour les maux affreux que tu as causés! Maudit sois-tu au nom de Diane de Beaupertuis, noble et fière créature dépravée, perdue par toi, et qui est morte par le poison! Maudit sois-tu au nom de son assassin, homme autrefois inoffensif et sans haine, que la dégradation de sa femme a poussé au meurtre! Maudit sois-tu au nom de Maria Fauveau, qui n'aura peut-être quitté l'échafaud que pour succomber à un effrayant délire! Maudit sois-tu, au nom de Joseph, notre ami d'enfance, pauvre cœur tendre et naïf, que le malheur a rendu fou! Maudit sois-tu au nom de ton enfant tué par sa mère! Maudit sois-tu au nom de Clémence Duval, à jamais flétrie par une condamnation infamante! Maudit sois-tu au nom de son père, ce soldat dont le nom était une des gloires de la France, et qui n'a plus qu'à cacher ce nom comme il cachera la honte de sa fille ! Maudit, maudit sois-tu enfin, toi qui tant de fois a souffleté sur ma joue ce sentiment sacré que les plus hideux criminels respectent parfois : — la sainte amitié des jeunes années. — Meurs donc ! je te verrai mourir d'un œil sec.

(Ducormier a écouté les malédictions de Bonaquet avec une sombre résignation : par deux fois, il a porté la main à son front penché, comme s'il se sentait écrasé par la véhémente apostrophe de son ami. Lorsque celui-ci, en terminant s'est écrié : Je te verrai mourir d'un œil sec ! les traits de Ducormier se sont empreints d'une douleur désespérée. Alors, sans dire un mot, il s'approche de la chaise d'un pas ferme, y monte et se passe le cordon de soie autour du cou.)

BONAQUET, *courant à Ducormier, le saisissant par la main et le faisant descendre de la chaise.*

Anatole !...

DUCORMIER, *effrayant.*

Qu'est-ce que cela vous fait? Vous verrez ma mort d'un œil sec.

BONAQUET, *ne pouvant retenir ses larmes.*

Mon âme n'est pas bronzée comme la vôtre, et, malgré moi, je me souviens que votre cœur a été pur et bon. (Il pleure silencieusement.)

DUCORMIER, *avec abattement*.

Oui, car je n'étais pas né pour le mal. Mais que voulez-vous ; mes maîtres, les roués politiques, m'ont perdu... (Profond soupir.) Allons, Jérôme que ta grande âme soit miséricordieuse. J'ai commis de méchantes actions, plus par fol orgueil que par cruauté ; ma punition a été terrible ; je touchais au faîte de mon ambition, et me voici dans un abîme d'ignominie ! Honneurs, richesses, avenir, tout m'échappe à la fois ! Enfin, comme expiation dernière des malheurs que j'ai causés, je donne ma vie. Stérile expiation, me diras-tu, Jérôme, car cette vie me serait désormais insupportable, impossible... on ne survit pas à tant de honte ! Et pourtant, malheur à moi ! ma mort n'assoupira pas les haines que j'ai soulevées. Mais au moins, n'est-on pas digne de pitié quand on meurt ainsi ? Jérôme, mon bon Jérôme, seras-tu sans entrailles ? veux-tu donc que je meure en damné ? O toi qui m'appelais ton frère ! cette amitié sainte des premières années j'ai pu l'outrager, la blesser en toi ; mais elle ne meurt pas dans une âme comme la tienne. (Avec un attendrissement inexprimable et des larmes dans la voix.) Par pitié, Jérôme, une dernière fois cœur contre cœur.... les condamnés ont un prêtre, et moi... (Avec un sanglot déchirant) et moi, je n'aurai personne... personne !

(Bonaquet se jette dans les bras de Ducormier, tous deux pleurent pendant cette suprême étreinte ; Anatole s'arrache le premier des bras de son ami, la figure presque radieuse.)

DUCORMIER.

Et maintenant, adieu ; la chaleur de ce dernier embrassement me soutiendra jusqu'à la fin.

BONAQUET *éperdu le retient.*

Anatole, écoute, écoute.

DUCORMIER.

Il faut que je meure !... Tu l'as dit !

BONAQUET.

Mon Dieu ! mon Dieu !

DUCORMIER.

Jérôme, puis-je supporter la vie ?

BONAQUET.

Non, et cependant..... Oh ! fatalité, fatalité !

DUCORMIER, *le poussant doucement vers la porte.*

Va, laisse-moi, mon bon Jérôme ; quand tu entendras tomber cette chaise que je pousserai du pied, au moment de mon agonie, alors... alors tu pourras rentrer...

BONAQUET, *avec sanglots.*

Quelle mort ! quelle fin !

DUCORMIER, *montrant un papier ouvert sur son bureau.*

Je dis là mon suicide... (Prenant les deux mains de Bonaquet.) Jérôme, une dernière prière... ces mains... ces mains fraternelles me cloront les paupières, n'est-ce pas ?

BONAQUET, *avec effort.*

Oui, ce pieux devoir... si j'en ai la force... O mon Dieu !...

DUCORMIER.

Et maintenant, frère, adieu... et pour toujours adieu !...

BONAQUET, *lui tendant les bras et d'une voix étouffée.*

Anatole... adieu !...

(Tous deux restent quelques instants encore embrassés près de la porte, puis Ducormier se dégage avec effort des bras de Bonaquet, qui sort éperdu en mettant la main sur ses yeux. Bonaquet est agenouillé en dehors et sur le seuil de la porte du cabinet d'Anatole. Il fait nuit, le plus profond silence règne dans l'hôtel. Les deux amis ont échangé leurs adieux suprêmes depuis environ cinq minutes.)

BONAQUET.

Seigneur! Seigneur! Dieu du juste et de l'innocent, ayez compassion de cette âme qui va s'élancer dans l'éternité! Vous le savez, ô mon Dieu! jamais dans sa jeunesse cœur plus aimant et plus généreux n'avait battu pour le bien! vous aviez comblé cette créature de vos dons les plus rares : mais hélas! des infâmes, abusant de sa jeune candeur et de sa pauvreté, ont perverti votre œuvre! Ils en ont fait l'instrument de leur vénale et ignoble politique : alors le mal a engendré le mal ; dépravé par eux, ce malheureux a dépravé les autres ; car, hélas ! il y a solidarité dans le crime comme dans la vertu ! Que sa mort retombe sur ces misérables ! Ce sont eux qui l'ont poussé au mal, et du mal au suicide. (Il pleure.) Anatole ! Anatole ! toi que j'aimais comme un frère... (Bruit d'une chaise tombant dans la chambre, Bonaquet pousse un gémissement douloureux et s'affaisse sur lui-même.) C'est fini ! mort, mon Dieu ! et de quelle mort ! à vingt-sept ans !

(Long silence seulement interrompu par les pleurs convulsifs de Bonaquet ; enfin il se relève, chancelle, et est obligé de s'appuyer un instant au chambranle de la porte.) Allons... courage... je l'ai promis... ce pieux devoir.... il faut l'accomplir, entrons.... (Il met la main à la clef, mais s'arrête immobile.) Non, je ne puis... je me sens défaillir... Oh! le voir ainsi... Non, non... ce spectacle affreux... je ne pourrais (Avec effort) et pourtant il le faut. Fermons-lui du moins les paupières. (Bonaquet ouvre la porte et entre; une bougie récemment allumée brûle sur le bureau et éclaire le cabinet; Bonaquet, après deux pas faits dans la chambre, la tête basse et n'osant pas regarder devant lui, lève enfin les yeux; le cordon de soie rouge flotte au bout de la chaîne de cuivre, mais Anatole a disparu; Bonaquet, frappé de stupeur, jette les yeux autour de lui et voit ouverte une des deux fenêtres qui donnent sur le jardin.)

BONAQUET, *courant à cette fenêtre.*

Le malheureux ! il se sera jeté par cette croisée... Mais, que vois-je !... ces deux rideaux... noués l'un à l'autre et attachés à ce balcon... Sauvé !... j'étais son jouet...

(Nouveau silence. L'émotion de Bonaquet est si vive, qu'il s'appuie sur le bureau où est placée la bougie ; au pied du flambeau, un papier sur lequel quelques lignes sont fraîchement écrites avec cette adresse :)

« *Pour toi, mon bon Jérôme.* »

(Bonaquet, les traits contractés par un sourire amer, prend le papier et lit :)

« Mon brave ami, tu t'étais engagé sur
« l'honneur à ne pas me quitter d'une se-
« conde d'ici à demain matin ; il m'a fallu
« trouver le moyen de t'éloigner un instant.

« Tu me pardonneras de ne m'être pas
« pendu ; je t'ai toujours connu adversaire
« déclaré de la peine de mort, disant avec
« raison que rien n'est plus stérile. Cette
« communion de pensées avec toi m'empê-
« che donc d'aller me faire non moins stéri-
« lement tuer demain par le colonel Duval.

« Grâce à un ordre transmis à l'un de mes
« courriers, j'ai des chevaux préparés ; je
« pars probablement avec une certaine

« comtesse Mimeska, femme de tête et de
« ressources, qui, cent fois, m'a protesté de
« son aveugle dévouement; je lui ai écrit
« tantôt, devant toi, que, si elle m'aimait, il
« fallait dans une heure partir de Bade avec
« moi; je vais juger si elle est femme de
« parole. Dans deux jours, j'aurai quitté
« l'Europe. Dis au colonel Duval qu'il ne
« trouverait pas mes traces; mes précau-
« tions seront prises.

« Adieu, mon bon Jérôme; mes maîtres,
« les roués politiques, m'ont bercé avec ce
« mot de M. de Talleyrand, leur évangéliste
« à tous : « *Dans les cas désespérés, les niais se*
« *noient, les habiles font le plongeon.* »

« Ainsi fais-je. On ne se tue pas à vingt-

« sept ans parce que l'on a eu deux maîtres-
« ses charmantes.

« Je me sens plein de vie, d'intelligence,
« d'ardeur, d'espoir, et le monde est grand !

« A toi, bon Jérôme, tu seras toujours le
« plus noble cœur que je connaisse.

« A. D. »

BONAQUET, *après un long silence.*

Et pourtant... Dieu est juste !...

ÉPILOGUE.

Environ quatre ans se sont écoulés depuis les derniers événements que nous avons racontés.

Une petite colonie vit tranquille et ignorée dans la jolie résidence de Felmont, située à proximité d'un village d'Auvergne.

Madame de Felmont, parente d'Héloïse Bonaquet, lui avait légué en mourant ce modeste domaine, où le docteur Bonaquet s'est retiré avec sa femme, changeant avec joie sa position de célèbre médecin de Paris, dont la vie tumultueuse et bruyante l'avait lassé, ainsi qu'Héloïse, pour exercer son art à la campagne au bénéfice des pauvres gens.

Un *faire-valoir* assez considérable, dépendant du domaine, avait pour régisseurs Joseph et Maria Fauveau. Celle-ci, survivant non sans peine à sa terrible agonie, avait obtenu sa grâce après les aveux et le suicide du duc de Beaupertuis.

Quant à Joseph, sa folie ayant cédé à un traitement intelligent dirigé par Bonaquet, il ne lui était resté de son insanité qu'une sorte d'oblitération de mémoire, remontant aux premiers jours où il s'était adonné à l'ivresse. Perte de mémoire très concevable d'ailleurs, car, à dater de ce moment, la vie de Joseph avait été partagée entre l'abrutissement de l'ivrognerie et l'espèce de torpeur d'esprit et de corps qui lui succède. Joseph ne conservait de cette triste époque de sa vie qu'un souvenir confus ; — il lui semblait, — disait-il lorsque sa guérison fut complète, — avoir dormi près de cinq années d'un sommeil pénible et agité. Les premiers temps de sa convalescence s'étaient écoulés dans ce petit village, situé si loin de Paris qu'il avait été facile de cacher à Joseph tout ce qui se rattachait au procès criminel fait à Maria. Aimant comme elle passionnément la vie de campagne, Joseph avait accepté avec reconnaissance l'emploi de régisseur du domaine de Felmont, et, au bout d'une année, grâce à son activité, à son intelligence, à ses habitudes d'ordre et de comptabilité commerciale, Joseph était devenu un excellent régisseur, gagnant ainsi sa vie, celle de sa femme et de sa fille, sans être à charge à Bonaquet.

Une maison s'était trouvée à vendre dans ce village. Bonaquet, conservant toujours pour Clémence et pour son père un tendre attachement, avait prévenu le colonel Duval de cette vente. Celui-ci et sa fille ne cherchaient qu'à cacher leur vie à tous les yeux : ils acceptèrent avec empressement la proposition du docteur, et depuis quatre ans,

nous l'avons dit, ces gens si cruellement
éprouvés vivaient dans cette petite colonie
aussi heureux que l'on peut l'être après
avoir traversé de telles adversités.

Sans doute, les cicatrices de ces plaies, jadis si profondes, restaient douloureuses :
bien des fois un souvenir, une date, un mot,
une allusion involontaire, faisaient tressaillir Clémence ou Maria, et une larme difficilement contenue brillait alors dans leurs
yeux. Sans doute le bon Joseph n'avait plus sa
naïve et franche gaîté d'autrefois, et souvent
le colonel Duval s'arrêtait pensif et sombre
au milieu de ses longues promenades sur la
montagne. Sans doute, enfin, une teinte de
mélancolie s'étendait sur toutes ces physionomies jadis si gaies, si charmantes ou si

radieuses d'amour, d'innocence ou de félicité. Mais, en comparant le calme doux et triste des jours présents aux effrayantes agitations des jours passés, chacun de ces personnages avait le soir une parole de gratitude aux lèvres pour remercier et bénir Dieu.

Seuls, Bonaquet et sa femme conservaient leur sérénité première; ils n'avaient eu d'autres souffrances que celles de leurs amis.

Un dimanche, par une belle après-dînée du mois de juin, vers les cinq heures du soir, Jérôme et Héloïse se trouvaient réunis dans un petit salon d'été; la porte et les fenêtres ouvertes laissaient apercevoir un joli jardin orné d'arbres magnifiques et de fraîches corbeilles de fleurs ; à l'horizon se dessinait le versant de hautes montagnes boisées, d'un caractère pittoresque et grandiose.

Héloïse lisait. L'air vif et pur des montagnes, la vie calme des champs, avaient depuis longtemps complètement rétabli sa santé : c'était toujours cette physionomie à la fois sérieuse et douce, ce sourire bienveillant et fin, cet ensemble plein de charme et de dignité qui la rendaient si attrayante. Jérôme, rêveur, regardait sa femme : il semblait plongé dans un ravissement céleste.

Héloïse par hasard, s'interrompant de lire, leva les yeux sur son mari et fut frappée de l'ineffable expression de sa physionomie.

— Jérôme, — lui dit-elle de sa voix gracieuse et vibrante, — vous avez l'air bien heureux.

— C'est que nous sommes seuls, — lui répondit Bonaquet en souriant avec mélancolie; — quand nos pauvres amis sont là, je n'ose, en leur présence, trahir l'ineffable douceur de ce bonheur chaque jour plus profond, de ce bonheur qu'aucun nuage n'a jamais troublé. Ce serait un contraste pénible avec leur vie, hélas! si cruellement éprouvée.

— Cher et tendre ami, votre cœur seul est susceptible de ces délicatesses. Oui, vous avez raison : ceux-là qui ont tant souffert et qui, à défaut d'un bonheur perdu, ont, du moins, retrouvé le calme, ceux-là nous ne devons pas les amener à un triste retour sur eux-mêmes, en manifestant à leurs yeux une félicité qu'ils ne doivent plus connaître.

— Cependant, depuis quelque temps je trouve Maria plus gaie ; une ou deux fois même je l'ai vue rire avec sa petite fille de son heureux rire d'autrefois.

— M. Fauveau sort aussi de temps à autre de cette gravité pensive que le vague souvenir de son insanité lui a laissée.

—Oui, je l'avais remarqué, mon amie. Clémence seule ne sourit jamais.

— Hélas ! la mort de son enfant pèse et pèsera toujours sur ce pauvre cœur autrefois si torturé.

— Le colonel devine les secrètes pensées de sa fille, car il est toujours sujet à ses accès de mélancolie profonde.

— Espérons tout du temps, mon ami ; peu de chagrins résistent à sa lente mais irrésistible action.

Une vieille servante apportant les journaux de Paris et les lettres venus au village par le facteur rural, interrompit l'entretien de Bonaquet et de sa femme.

— Madame, — dit la servante à Héloïse,

— est-ce qu'il faut mettre, comme tous les dimanches et tous les jeudis, le couvert de M. et madame Fauveau et celui de M. le colonel et mademoiselle Clémence?

— Sans doute, — reprit Héloïse; pourquoi cette question?

— C'est que... c'est que... madame ne sait pas la surprise.

— Quelle surprise?

— C'est entendu avec M. Fauveau, sa femme et mademoiselle Clémence.

— Eh bien?

— Aujourd'hui, c'est à la ferme, chez madame Fauveau, que l'on dîne.

— Vraiment, — dit madame Bonaquet en souriant, — mais elle est très aimable, cette surprise! — Puis s'adressant à Jérôme, qui parcourait ses lettres du regard :

— Vous entendez, mon ami, Maria nous fait la surprise de nous inviter à dîner à la ferme.

— J'entends bien, — reprit Bonaquet en souriant aussi.

— M. Fauveau doit aller d'abord chercher M. le colonel et mademoiselle dans son char-à-bancs, continua la vieille servante; —

puis, il repassera par ici pour prendre monsieur et madame.

— C'est imaginé à merveille, — répondit Héloïse ; — par cette belle soirée, la route sera charmante à travers le bois. Venez nous prévenir dès que M. Fauveau sera là, afin que nous ne le fassions pas attendre.

— Bien, madame, — dit la servante en quittant le salon.

— Que dites-vous de cette idée, mon ami? Elle me paraît d'un bon augure.

— Certes, ma chère Héloïse... Pauvre Joseph, pauvre Maria! je suis heureux de leur bonne pensée.

— Alors, mon ami, lisons vite nos lettres, car ils ne tarderont pas à venir.

Oh! oh! — dit Jérôme en remarquant l'enveloppe de l'une des lettres qu'il décachetait. — Voici une lettre de New-York.

— De New-York?

— Oui, de ce cher docteur Paterson, mon savant et caustique correspondant; il me tient au courant des progrès de la science de l'autre côté de l'Océan.

Et Bonaquet se mit à lire la lettre du docteur Paterson.

—Ma correspondance à moi est loin d'être

aussi grave, reprit en souriant Héloïse, en parcourant la lettre qu'elle venait de décacheter pendant que son mari lisait la sienne de son côté. — Cette excellente madame de Monfleury m'écrit qu'elle se charge de me procurer les livres que je lui demande, et me parle du dernier ballet de l'Opéra. Un ballet d'Opéra... Avouez, mon ami, que lorsqu'on vit dans la simplicité de nos montagnes, cela paraît bien étrange d'entendre parler de ballets de l'Opéra... Mais, mon ami, qu'avez-vous? — dit vivement Héloïse, en voyant les traits de son mari s'assombrir.

— Ah! le malheureux! — s'écria Bonaquet en continuant de lire avec autant de hâte que d'anxiété, sans répondre à sa femme.

Puis il murmura d'un ton grave :

— La justice de Dieu est parfois tardive, mais qu'elle est terrible !

Madame Bonaquet, remarquant la triste préoccupation de son mari, garda le silence.

Au bout de quelques instants, Jérôme reprit :

— Pardon, mon amie, mais ce que je viens d'apprendre...

— De quoi s'agit-il ?

— D'Anatole, — répondit Jérôme en soupirant.

— Ah ! — fit Héloïse avec un geste de dégoût et d'horreur. — Est-il vivant? est-il mort? et, cette fois, est-ce bien certain ? — ajouta-t-elle avec un amer dédain, faisant allusion à la supercherie sacrilége dont Bonaquet avait été le jouet à Bade.

— Hélas ! vous devez être sans pitié pour lui, vous, Héloïse, — reprit Jérôme. — Mais moi, je ne puis oublier ce que je n'ai jamais pu oublier au milieu de ses plus criminels égarements. Hélas! je l'ai aimé comme un frère, et dans sa première jeunesse, son cœur était généreux, son âme aimante et pure. Des misérables l'ont perdu. Tenez, mon amie, lisez ce passage de la lettre du docteur Paterson. Une telle vie ne pouvait avoir qu'un tel dénoûment.

Madame Bonaquet prit la lettre que le docteur Paterson adressait d'Amérique à son mari, et lut le passage suivant, que celui-ci lui avait indiqué :

« Connaissez-vous, cher confrère, un cer-
« tain comte Anatole Ducormier, un de vos
« compatriotes? Je dis connaissez-vous, je
« devrais dire connaissiez-vous, car ce per-
« sonnage a trépassé, et c'est entre mes
« bras qu'il a rendu sa vilaine âme, dans
« une circonstance assez singulière pour que
« je vous la mentionne. Vous y trouverez un

« des traits de nos mœurs *yankees*, encore
« parfois tant soit peu *peaux rouges*, mœurs
« qui du reste, heureusement pour notre
« glorieuse république de l'Union, n'existent
« plus que par très-rares exceptions. Je
« viens au fait.

« Le Ducormier est arrivé ici il y a six
« mois, accompagné d'une comtesse d'a-
« venture, très-jolie femme d'ailleurs, mais,
« dit-on, la plus fieffée coquine qui ait ja-
« mais été marquée de l'ongle de Satan.

« Le Ducormier et sa comtesse venaient
« en dernier lieu de l'Amérique du Sud, où
« ce drôle avait été d'abord, pendant deux
« ans, ministre de l'intérieur de *Rosas*. (Je
« vous demande un peu *quel ministère* et *quel*

« *intérieur !*) Du reste, il paraît que Rosas
« s'était affolé de la compagne d'aventures
« de Ducormier. Ce qu'il y a de certain,
« c'est qu'un beau jour, par ordre du dicta-
« teur, l'estimable couple n'a fait qu'un
« saut du ministère de l'intérieur dans un
« paquebot qui a transporté l'honnête mé-
« nage à *San-Yago de Cuba*. Ils ont fait pro-
« bablement là de bonnes dupes, car, en ar-
« rivant ici, à New-York, ils ont ouvert mai-
« son, une excellente maison, ma foi, où
« l'on jouait un jeu enragé. On dit que le
« Ducormier et sa comtesse manipulaient
« les cartes. Ce n'était là pour eux que pec-
« cadilles. Parmi les joueurs les plus assi-
« dus se trouvait un jeune *Yankee*, ayant au
« moins trois quarts de sang indien dans les
« veines. Son père, riche planteur de par

« de là les *grand lacs*, avait envoyé ce nour-
« risson à New-York, avec un crédit consi-
« dérable et de bonnes lettres de recom-
« mandation, dans le but de civiliser un
« peu cette nature demi-sauvage. Le diable
« voulut qu'un imprudent ami conduisît no-
« tre *Yankee* chez Ducormier. La comtesse
« jugea d'un coup d'œil que jamais elle ne
« trouverait à plumer plus beau coq fraîche-
« ment envolé de ses bruyères ; elle s'en-
« tendit donc avec son Ducormier, amorça
« le *Yankee* par des œillades et des sourires,
« de sorte que les dollars du jeune planteur
« commencèrent à fondre sous le feu des
« beaux yeux de sa Circé, comme neige au
« soleil. Tout allait pour le mieux ; les der-
« niers mille dollars du pauvre *Yankee* al-
« laient passer dans le sac du ménage bre-

« landier, lorsque je ne sais quel soupçon
« vint souffler à l'oreille de notre *peau rouge*
« qu'il était dupe, et qu'une fois ses dollars
« empochés, Ducormier et sa comtesse le
« renverraient à ses grands lacs. Dès lors il
« épia le ménage et surprit une conversa-
« tion confidentielle, dans laquelle il était
« jugé amoureux comme un sot, ou sot
« comme un amoureux, et bon à chasser
« lorsqu'il serait tout à fait plumé vif. Le
« *Yankee* ne dit mot, s'esquiva ; le lende-
« main, se prétendant malade, il fit prier
« son ami Ducormier de passer chez lui.
« Notre homme n'y manqua pas. Un noir
« affidé le fait entrer dans une chambre
« complètement obscure et ferme la porte
« en dehors. Très-supris, le Ducormier de-
« mande ce que cela signifie. La voix du

« *Yankee* répond : — *My dear*, marchez droit
« devant vous, jusqu'à une table ; vous y
« trouverez un long couteau baleinier et une
« paire de pistolet à deux coups ; vous vous
« armerez, je le suis déjà ; or, nous allons
« nous chercher, et nous battre dans les té-
« nèbres jusqu'à la mort. *Vous m'avez servi*
« *un plat à la française ; moi je vous sers un ra-*
« *goût à la yankee.* N'appelez pas au secours,
« cela serait inutile ; mon esclave est sûr, et
« il n'entrera pas ici avant deux heures. Ar-
« mez-vous donc, sinon tant pis pour vous,
« moi je frappe !

« Aimant encore mieux se défendre que
« d'être tué désarmé, Ducormier, rugissant
« est forcé d'accepter ce duel à l'américaine.
« Au dire du noir accroupi derrière la porte,

« la chose dura cinq quarts d'heure, avec
« un acharnement incroyable, du moins à
« ce que jugea le noir, d'après les détona-
« tions successives des pistolets, les trépi-
« gnements des combattants et les cris fé-
« roces qu'il entendit; puis il n'entendit
« plus rien; mais, fidèle et exact serviteur,
« observant religieusement les ordres de
« son maître, il n'ouvrit la porte qu'au bout
« de deux heures. Le *Yankee* était mort,
« percé de deux balles et ayant neuf coups
« de couteau sur le corps; le Ducormier res-
« pirait encore. On vint me chercher en
« hâte; je le trouvai avec la cuisse gauche
« cassée d'un coup de pistolet, le bras droit
« et le pied droit traversés de deux autres
« balles, blessures faites pour ainsi dire à
« *brûle bourre*, car, dans l'obscurité, ces en-

« ragés ne tiraient que lorsqu'ils se rencon-
« traient, se cherchant à tâtons ; et alors,
« ils déchargeaient leur arme à bout por-
« tant. J'ai compté sur le Ducormier dix-
« sept (entendez-vous bien !) *dix-sept* coups
« de couteau, dont *onze* sur le crâne, la
« nuque, ou sur la figure, qui était litté-
« ralement hachée. Au bout d'un quart
« d'heure, et quoique j'aie fait mon possible
« pour conserver cet honorable *gentleman* à
« la société, dont il faisait un des plus beaux
« ornements, ce galant homme est mort, et,
« comme je vous l'ai dit, j'ai reçu son der-
« nier soupir, qu'il a rendu en sacrant abo-
« minablement le saint nom du Seigneur.

« Trois jours après, la comtesse, empor-
« tant les nippes et la caisse de la commu-

« nauté brelandière, est partie avec un cer-
« tain grand coquin, nommé Malmoë, capi-
« taine de navire, et mulâtre de naissance,
« que l'on soupçonne extrêmement de faire
« par-ci par-là le pirate au débouquement
« des Antilles espagnoles.

« Eh bien, cher confrère, que dites-vous
« de ce trait de mœurs? Sur ce, passons à
« autre chose et que, selon son droit, le
« diable emporte l'âme de ce Ducormier! »

c c c o o c c c c o c

— Je l'avoue, — dit Héloïse en rendant la
lettre à Bonaquet, — la mort de cet homme
est horrible, comme sa vie. Malgré l'aver-

sion qu'il m'a toujours inspirée, je dis, ainsi que vous à cette heure, la justice de Dieu est satisfaite ; pitié du moins sur la mémoire de ce malheureux dont l'âme s'était d'abord ouverte au bien ! Malédiction sur ceux qui l'ont perverti et perdu !

Après un moment de silence, Bonaquet reprit d'un air pensif :

— Que de mystères dans les vues de la Providence ! Il y a dix ans, alors que je quittais Anatole dans toute la loyauté, la beauté de son âme, qui m'aurait dit qu'un jour, ici, au milieu des victimes qu'il a faites, j'apprendrais sa fin terrible ?

— Mon ami, — reprit Héloïse d'un air non

moins pensif, — il est quelque chose de plus mystérieux encore, et qui, parfois, étonne et confond ma raison. Cette prédiction, qu'à bon droit vous et moi traitions de folie, s'est réalisée pourtant... madame de Beaupertuis, Maria Fauveau, Clémence Duval, ont accompli fatalement leur destinée !

— Que vous dirai-je, Héloïse ? les divinations des somnambules ou des personnes soumises à l'influence magnétique se réalisent parfois d'une manière surprenante ; la science a encore tant de secrets à pénétrer ! Aussi, en présence de ces faits, qui confondent notre raison, serait-il plus sage de ne pas crier à l'impossible, à l'absurde, au hasard ! L'on n'a pas eu assez de dédains, de sarcasmes et de sauvages persécutions contre l'alchimie, et pourtant elle a été la source des merveilles positives de la chimie; mais pour une de ces divinations qui se réalisent par l'enchaînement fatal, mystérieux et jusqu'ici incompréhensible de certains faits, combien de déceptions et souvent aussi de grossières et ridicules fourberies! Ayons donc espoir dans la marche toujours progressive de la science humaine; seule, elle peut élucider, elle élucidera les plus étranges phénomènes de la nature (1).

(1) Nous n'achèverons pas ce récit sans signaler à nos lecteurs un petit livre très curieux et très savant : *Le monde occulte, ou les mystères du Magnétisme*, publié par M. Henri DELAAGE, avec cette épigraphe du père LACORDAIRE : *Je crois fermement, sincèrement aux forces magnétiques.* — (Lesigne, libraire, 40, galerie Vivienne.)

On trouve dans cet ouvrage les détails les plus singuliers et les plus intéressants sur les cartomanciennes de Paris; sans être de tous points d'accord avec le spirituel et profond écrivain, nous recommandons son livre à nos lecteurs comme une œuvre de conviction et d'un puissant attrait.

— Et cette étrange devineresse, mon ami, que sera-t-elle devenue?

— Je ne sais. Il y a quatre ans, je vous l'ai dit, lors de ces déplorables évènements, je n'ai pu résister à la curiosité de retourner *rue Sainte-Avoye*, dans l'espoir d'y trouver cette créature étrange. Elle avait quitté la maison sans nouvelle adresse. Depuis, je n'en ai plus entendu parler ; sans doute elle est morte. Les organisations comme la sienne ne résistent pas longtemps aux singuliers phénomènes qui les régissent. — Puis s'interrompant, Jérôme ajouta, prêtant l'oreille du côté du jardin : — Héloïse, voilà nos amis! que rien sur notre physionomie ne trahisse les tristes préoccupations dont nous sortons.

A ce moment, le bruit d'une voiture se fit entendre. Bonaquet et sa femme virent s'arrêter dans le jardin et à la porte du salon un char à bancs conduit par Joseph Fauveau et traîné par une robuste jument de ferme.

Maria, Clémence et son père descendirent de cette voiture, pendant que Joseph confiait la garde de la jument à un domestique.

Clémence, pâle, mélancolique, mais toujours d'une angélique beauté, donnait le bras au colonel Duval; celui-ci semblait vieilli avant l'âge. Maria, quoique charmante, n'avait pas retrouvé cette éclatante fraîcheur, cette physionomie piquante et enjouée qui autrefois la rendaient si séduisante; elle tenait sa fille d'une main, et de l'autre son large chapeau de paille par ses brides, laissant ainsi voir sa coiffure à *l'enfant*, car les nombreuses boucles de ses beaux cheveux noirs ne lui tombaient encore qu'à la naissance des épaules. Quatre ans auparavant, hélas! ils avaient été coupés par le bourreau!

— J'espère, monsieur Fauveau, que vous nous faites une charmante surprise, — dit gaîment Héloïse à Joseph. — Quelle excellente idée vous avez eue!

— Voilà l'auteur, madame, — répondit Joseph en montrant Maria. — Il faut rendre à César... ce qui est à César.

— Il faut ajouter, — dit Clémence en essayant de sourire, — que mon père et moi nous sommes complices.

— Et des complices d'une discrétion rare, — ajouta le colonel en tâchant aussi de sourire, — car depuis huit grands jours nous avions le secret de notre ami Joseph.

— Ah! çà, — reprit gaiement Bonaquet en s'adressant à Maria, — j'espère, madame Fauveau, que nous mangerons de cette fameuse crème que vous faites si bien?

— Certainement, monsieur Bonaquet, — répondit non moins gaiement Maria, — et il y a même pour vous une réserve.

— Et je donnerai fièrement sur la réserve ! — reprit Bonaquet.

— Jérôme, je te recommande aussi certaine tourte aux cerises, — dit à demi-voix Joseph à Bonaquet d'un ton mystérieux et confidentiel.

— Comment ! madame Fauveau, de la pâtisserie, pétrie par ces jolies mains ?

— Est-ce qu'elle ne fait pas bien tout ce qu'elle fait ! — reprit le bon Joseph. — Pourtant, quand je dis tout, un instant, je me trompe; il y a une chose que je ne lui pardonne pas, c'est d'avoir eu la drôle d'idée de couper ses superbes cheveux noirs; non qu'elle ne soit gentille au possible avec sa nouvelle coiffure; Maria est toujours gentille, mais...

Puis, s'interrompant, et voyant soudain les physionomies de sa femme, de Clémence et d'Héloïse devenir tristes et contraintes, le pauvre Fauveau reprit :

— Allons, bon! j'aurai dit quelque bêtise!

— Une bêtise énorme, mon bon Joseph!

— s'écria Bonaquet en prenant Fauveau par le bras et l'entraînant au jardin vers la voiture. — Est-ce qu'on dit jamais à une jolie femme que la coiffure qu'elle a lui sied moins bien que celle qu'elle portait? Tiens, tu ne seras jamais... qu'un homme sincère. Allons, mesdames, en route; toi, monte sur ton siége, fameux automédon, et prends garde de nous verser. Ne t'occupe pas de ces dames, regarde devant toi; d'ailleurs je monte à tes côtés pour te guider de mes conseils.

Grâce au docteur, Joseph Fauveau, montant sur le siége du char à bancs, ne s'aperçut pas de la profonde et pénible émotion causée par ses paroles.

Maria et Clémence eurent le temps de se remettre. Au bout de quelques instants, Maria dit en souriant au docteur :

— Monsieur Bonaquet, faites bien attention à Joseph au moins, qu'il n'aille pas nous verser !

— Taisez-vous, chère trembleuse, — répondit gaiement le docteur du haut du siége en se tournant à demi vers ses amis assis dans le char à bancs. — Qu'avez-vous à craindre? ne suis-je pas là?

— C'est vrai, monsieur Bonaquet, — dit

Maria en échangeant avec Clémence et Héloïse un regard bientôt humide de larmes.

— Quand vous êtes là, on n'a rien à craindre : vous êtes comme un *bon ange*.

— Joseph, reprit le docteur, — entends-tu ta femme, comme elle me câline? Elle m'appelle *bon ange*, afin de me rendre indulgent pour sa fameuse tourte aux cerises. Allons, fouette, cocher! Arrivons vite à ta ferme!

FIN.

En vente chez les mêmes Éditeurs.

PORTRAITS POLITIQUES
ET
RÉVOLUTIONNAIRES,
PAR
CUVILLIER-FLEURY.
1 volume grand in-18. — Prix : 3 francs.

SCÈNES DE LA BOHÊME,
PAR
HENRY MURGER.
2ᵉ édition. — 1 volume grand in-18. — Prix : 3 francs.

THÉATRE COMPLET
DE
F. PONSARD.
1 beau volume grand in-18. — Prix : 3 francs.

SCÈNES DE LA VIE DE JEUNESSE,
PAR
HENRY MURGER.
2ᵉ édition. — 1 beau volume grand in-18. — Prix : 3 francs.

CONFESSIONS D'UN OUVRIER,
PAR
ÉMILE SOUVESTRE.
1 volume grand in-18. — Prix : 2 francs.

UN PHILOSOPHE SOUS LES TOITS,
PAR
ÉMILE SOUVESTRE.
2ᵉ édition. — 1 volume grand in-18. — Prix : 2 francs.

Paris. — Imprimerie de madame veuve Dondey-Dupré, 46, rue Saint-Louis, au Marais.

www.ingramcontent.com/pod-product-compliance
Lightning Source LLC
Chambersburg PA
CBHW071132160426
43196CB00011B/1870